諦めない
オーナー

プロ野球改革挑戦記

宮内義彦 著

白壁達久 編

日経BP

はじめに――編集者のモノローグ

日経BP　日経ビジネス副編集長　白壁 達久

「プロ野球のオーナー」と聞いて、誰を思い浮かべるだろうか。福岡ソフトバンクホークスの孫正義氏や横浜ＤｅＮＡベイスターズの南場智子氏。読売ジャイアンツ（巨人）の元オーナーだった渡邉恒雄氏かもしれない。そもそもオーナーなんて興味ないという人もいるかもしれない。

「オーナー会議は、この組織の最高の合議・議決機関である」

日本野球機構（ＮＰＢ）が定める「日本プロフェッショナル野球協約」の第18条には、オーナー会議が日本のプロ野球における最高の議決機関であることが定められている。そして協約には、オーナーは「この組織に属する球団を保有し、又は支配する事業者を代表する者であって球団の役員を兼ねる者」とある。

つまり、日本のプロ野球の〝決めごと〟は、12人のオーナーとコミッショナーによるオーナー会議で最終的な承認を得る必要があるということだ。オーナーとは、日本のプロ野球の浮沈を握る重要な存在なのだ。

そんなオーナーの1人に、プロ野球の未来を憂い、30年以上にわたって改革に挑み続けた人がいる。1988年11月から2022年末まで34年間にわたってオリックスの球団オーナーを務めた宮内義彦氏だ。

「宮内さんはオーナー会議に必ずといっていいほど出席しているが、他のチームはオーナー代行を出してくることが多い。宮内さんは『プロ野球に敬意を持っていれば、出席するのが当然だ』とよく口にしている」

長年付き合いのあるオリックスの関係者が、プロ野球好きな経済誌記者の私にこんなエピソードを聞かせてくれたのは、もう10年以上前のことだろうか。その頃のオリックス球団は長く低迷し、あまり人気がない状態が続いていた。それでも宮内氏の球団、そしてプロ野球に対する熱い思いは冷めることがないという。そんな宮内氏に、いつかプロ野球愛を語ってもらいたい――。そう思っていた。

孫氏や南場氏、そして東北楽天ゴールデンイーグルスの三木谷浩史氏など、球団オーナーには今をときめく著名経営者がずらりと並ぶ。本業を猛スピードで成長させる責務を負う大企業のトップにとって、プロ野球のオーナーとしての職務が「二の次」となってしまうのは仕方がないことなのかもしれない。

オリックスの前身である「オリエント・リース」の創業メンバーである宮内氏は、1980年に45歳の若さで社長に就任。リース業が中心だった同社は宮内氏の下で多角化と事業拡大に成功した。今やオリックスは時価総額が3兆円を超え、東証プライム市場上場企業でトップ50に入る規模にまで成長している。

宮内氏は経営者としての実績だけではない。政府の総合規制改革会議の議長として規制緩和に努めるなど、改革の旗手としての印象も強い。

そんな宮内氏は、オーナーの存在が軽視されている現在の球界の風潮に警鐘を鳴らす。多くのファンを抱え、既に文化として根付いた日本のプロ野球を、今後どう発展させていくか。それを最終的に決めるのは、オーナーという権限を持つ12人とコミッショナーだからだ。

プロ野球の歴代オーナーを調べたところ、最も長い期間オーナーを務めたのは、千葉ロッテマリーンズの故・重光武雄氏だ。1972年から2019年まで実に47年にわたってオーナー職を務めた。ただ、重光氏は全くといっていいほどオーナー会議に出席しなかったことで知られる。次に長いのは大阪近鉄バファローズの前身である近鉄パールスの創設時（1949年）から89年まで、40年近くオーナーを務めた佐伯勇氏だ。しかし、近鉄は81年から89年まで上山善紀氏がオーナー代行を務めていた。

つまり、34年にわたって代行を置かず、自らオーナー会議に参加し続けた宮内氏は事実上、最も長い期間、オーナーとして球界に関与してきた人物とも言える。

宮内氏の在任期間中には、日本のプロ野球史に残る様々な出来事があった。それらの「事件」を当事者として経験してきた宮内氏の記憶は、プロ野球の歴史として絶対に残すべき記録ではないか。そう考えていた私が宮内氏に長年の思いをぶつけて了承をもらい、オーナー人生を振り返ってもらったのが本書だ。

宮内氏がオーナーを務めた34シーズンのうち、オリックスはパシフィック・リーグ（パ・リーグ）優勝が4回、日本一には2回輝いた。

1989年の2位に始まり、イチロー選手の登場に沸いた90年代はAクラスが続いたものの、イチロー選手や田口壮選手といった中核選手が米メジャーリーグ（MLB）挑戦で抜けるとチームは弱体化。2000年以降は22年までの23シーズンでBクラスが19回、うち最下位が9回と、長きにわたって低迷が続いた。

それまで多くの球団が「赤字で当たり前」と考えていた中で、宮内氏は球団に「独立採算」を厳しく求めた。親会社への依存体質を変えるためだ。トップ経営者の宮内氏が、プロ野球の球団に本格的な「経営」を持ち込もうとした。

だが、球団は経費を圧縮し、選手獲得の投資も控えるようになった。そんなオリックスを皮肉る言葉が「ケチックス」だ。宮内氏は本書の中で、自身のスタンスが長期の低迷を招いたとも振り返る。

そうした失敗があっても「諦めない」のが宮内氏のオーナーとしての真骨頂だ。理想の球団経営を求めて、オーナーとして粘り強く改革に取り組み続けた。


阪神タイガースという人気球団の近くに本拠地があり、「強くても人気がない」というのは阪急ブレーブス時代から長く続く課題だった。オリックスは地域球団として地元の自治体と連携し、関西近郊から新規ファンを獲得する施策を次々に打ち立てる。

その結果、順位の低迷が続いた中でも地道にファンを獲得し、若い女性や子供が球場に駆け付けるようになった。気付けばファンは増え、球団経営も黒字化を果たした。23年までの3シーズンでパ・リーグ3連覇を果たすなど、チームの強化も実現。オーナーとしての最後のシーズンとなった22年に日本一をつかんで勇退した。

採算を度外視して強力な選手を集める「強いけど赤字のチーム」でも、採算ばかりを重視して選手に投資しない「黒字だけど弱いチーム」でもいけない——。好成績を残しながらも採算が合う「強い上に黒字のチーム」を宮内氏が諦めずに追い求めた結果と言えるだろう。

そんな宮内氏がプロ野球界で求めた改革は、オリックス球団にとどまらない。プロ野球ビジネス全体の発展のためにオーナーとして自ら動き、周囲に働きかけてきた。それは、プロ野球界が親会社頼みの経営から脱却し、独り立ちを始めるまでの歴史でもある。

「諦めないオーナー」と言えるような34年の歴史で、宮内氏は何を見て、何を考え、どのように動いてきたのか。そして、宮内氏がその先に見据えるプロ野球の未来とはどのようなものなのか。その言葉に耳を傾けてみよう。

■ 球団の歴代監督と順位、主な出来事

年	監督（監督代行を含む）	順位	主な出来事
1989	上田 利治	2	
90	上田 利治	2	
91	土井 正三	3	本拠地を神戸へ移転 球団名をオリックス・ブルーウェーブに変更
92	土井 正三	3	
93	土井 正三	3	
94	仰木 彬	2	イチローが日本記録（当時）となるシーズン210安打達成
95	仰木 彬	1	阪神・淡路大震災が発生 「がんばろうKOBE」をスローガンに オリックスとしてパ・リーグ初優勝
96	仰木 彬	1	リーグ2連覇 セ・リーグ王者の巨人を倒し、オリックスとして初の日本一
97	仰木 彬	2	
98	仰木 彬	3	
99	仰木 彬	3	
2000	仰木 彬	4	イチローが7年連続首位打者を達成後、 ポスティングシステムを利用してメジャー（MLB）に挑戦
01	仰木 彬	4	
02	石毛 宏典	6	

年	監督	順位	出来事
03	石毛 宏典→レオン L.	6	シーズン後にGM制の導入を発表　中村勝広氏が就任
04	伊原 春樹	6	大阪近鉄バファローズとの合併協議が表面化　球界再編に
05	仰木 彬	4	「オリックス・バファローズ」が誕生
06	中村 勝広	5	
07	T.コリンズ	6	
08	T.コリンズ→大石 大二郎	2	
09	大石 大二郎	6	
10	岡田 彰布	5	セ・パ交流戦で初優勝
11	岡田 彰布	4	
12	岡田 彰布→森脇 浩司	6	
13	森脇 浩司	5	
14	森脇 浩司	2	球界初のダンス&ボーカルユニット「BsGirls」を結成
15	森脇 浩司→福良 淳一	5	
16	福良 淳一	6	
17	福良 淳一	4	2軍の練習施設などを神戸から大阪の舞洲へ移転
18	福良 淳一	4	
19	西村 徳文	6	
20	西村 徳文→中嶋 聡	6	球界初の女性スカウト誕生
21	中嶋 聡	1	セ・パ交流戦を制し、25年ぶりのリーグ優勝を果たす
22	中嶋 聡	1	リーグ2連覇、26年ぶりの日本一に　宮内オーナー退任
23	中嶋 聡	1	井上亮オーナーが就任　パ・リーグ3連覇

著者近影。2023年8月、京セラドーム大阪にて（写真：菅野 勝男）

目次

第2章

オーナー視点の監督論　そしてフロント

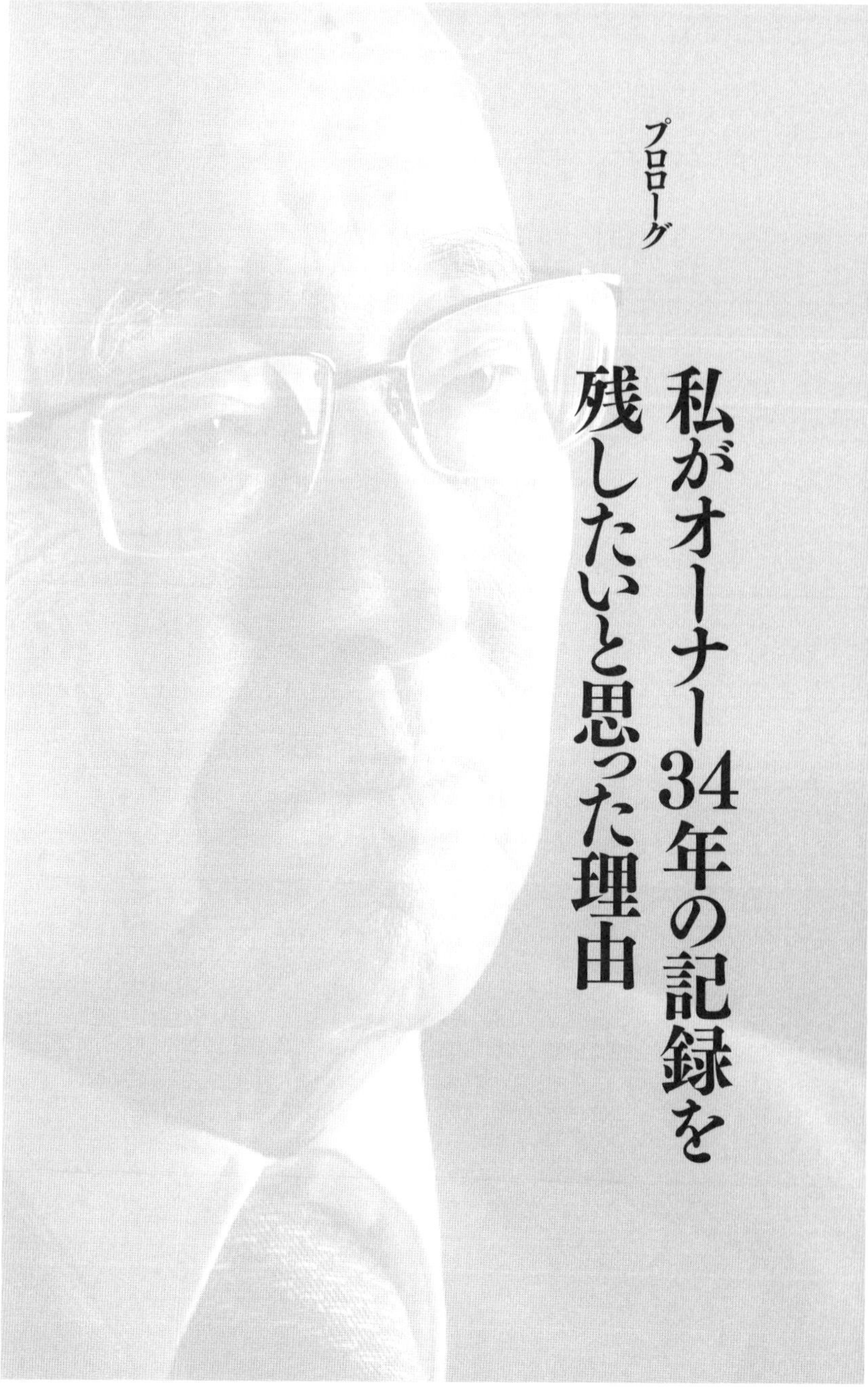

プロローグ

私がオーナー34年の記録を残したいと思った理由

2022年10月30日の夜、私は神宮球場の真ん中でオリックス・バファローズの選手たちに抱えられ、5度宙を舞いました。シーズン後にオーナーを辞めると発表していた私に、選手たちが最高の引き際をプレゼントしてくれたのです。87歳を胴上げするのは、選手たちもきっと緊張したでしょう。1988年に阪急ブレーブスを買収した時には、ここまで劇的な締めくくりは想像していませんでした。

53歳でオーナーに就任し、34年間務めるうちに、元号は昭和から平成を経て、令和へと変わりました。その間、プロ野球界には様々なことが起こりました。

本拠地の神戸を襲った阪神・淡路大震災、イチローの登場と渡米。そして近鉄との球団合併や球界再編……。オリックス球団に限れば、長期に及ぶ低迷を経験した後の復活劇もあります。長く球団のオーナーを務めてきた私は、その歴史の渦中にいました。

今年1月、とても悲しい知らせがありました。球団買収のきっかけをつくり、長くオリックスの球団社長を務めてくれた西名弘明さんが、78歳の若さで急逝してしまったのです。私がオーナーとして見てきた球団や球界の歴史を知る人がどんどん少なくなってきました。阪急ブレーブスオーナーだった小林公平さん、[注1]近畿日本鉄道（近鉄）元社長の山口昌紀さん、そしてオリックス初代監督の上田利治さん。[注2]2代目の土井正三さんに、球団の礎をつくってくれた仰木彬さん[注3]も天に召されてしまいました。

私は今年で88歳になりました。まだまだ元気で、やりたいことに満ちあふれていま す。ですが、私の記憶も時間の経過とともに曖昧になっていくでしょう。それならば、少しでも多くの記憶を記録しておきたい――。これが、本書を記したきっかけです。

やはり、何でもヒストリーはきっちり残しておかなければなりません。会社の場合は周年の節目に、手間をかけて振り返って記録を残すでしょう。

プロ野球については、選手や監督など、様々な立場の方が球史を残してこられました。ただ、同じ事象であっても、人や立場が変われば見え方や記憶も変わってきます。実際、歴史はそうして紡がれてきました。

それなら私は、「オーナー視点で見た球史」という、今までとは少し違った球史を残そう。そう考えたのです。

この本では、私が見たこと、考えたことをなるべく正確に振り返ったつもりです。自身でつけてきた日記やメモなどを参考にしつつ、当時の関係者などに確認も取りながら書きました。もしかしたら、これまで語られてきた、皆さんが知っている歴史とは異なる部分があるかもしれません。あくまで私の視点・記憶からの史実だとお断りしておきます。

34年で3段階に変化した「オーナー観」

球団オーナーとは、皆さんから見てどのような存在でしょうか。

たまにオーナー会議のニュースなどが出ますが、ベールに包まれていて、ほぼ分からないというところでしょうか。ましてや、オーナーが何を考えてどんなアクションを起こしているかなど、ほとんど気にすることはないかもしれません。

私は野球が大好きです。1人の野球好きという意味では、球場で応援してくれている熱心なファンと同じ存在です。けれど、球団を経営するオーナーの立場になると、見える景色だけでなく、思考や行動もまた変わってくる。

1人のファンとしては、カネに糸目をつけずに名だたる選手たちを呼び寄せ、最強のチームをつくりたい。一方で経営者としては、組織を永続させるためにも、きちんと採算が取れる組織をつくる必要があると考える。ファンとオーナーという相反する立場が私の中に併存していて、その間で葛藤を繰り返すのです。

そこから生まれる「迷い」が、オリックス球団の長期低迷につながったのかもしれません。

球団の成績が振るわなかったのは、歴代の監督や選手ではなく、すべて経営トップだった私に責任がある――。こうした自戒の念も込めて、本書を記していきます。

34年のオーナー人生を振り返ると、球団や球界に対する見方が3段階で変化していきました。最初に球団を買収した時の考え方は、プロ野球＝知名度の向上です。私が創業メンバーとして参加したオリエント・リースは、創業から25年を機にオリックスへと社名を変更することが決まっていました。もともとはBtoB（企業間取引）のリース業が主体でしたが、事業領域の拡大に伴って社名を改め、世間に広く知られる企業にしたい。そう思っていた私にとって、球団は企業の宣伝媒体として極上のものでした。

プロ野球の球団は、シーズン中は毎日のようにニュースで名前を出してもらえるので、野球に関心がない人にも届きやすい。しかも、球団を所有できるのは国内で12社だけという希少性があります。全国で名前を売るにはもってこいの存在です。

球団が多少の赤字を出したとしても、グループ全体の広告宣伝費として考えれば決して高くはありません。その頃の私は球界の発展を考えるのではなく、成長してきたオリックスという会社をさらに拡大させるためのツールとして球団を捉えていたわけです。

野球やスポーツを宣伝媒体として考えるのは、ある意味ではスポーツに対して礼を失した考え方でしょう。ただ、それが当時の私の本音でした。

球界に参入してからある程度の時間がたち、オリックスの認知度も上がった頃、「広告宣伝費だから球団の赤字は当たり前」という考え方に違和感を覚えるようになりました。これが第2段階です。

往年のプロ野球ファンならご理解いただけると思いますが、80年代から90年代のパ・リーグは、今では考えられないほど人気がなかった。恐らく、6球団とも赤字が常態化していたでしょう。

親会社に依存しなければ存続できないのはいかがなものか。諸外国のスポーツビジネスを見ても、熱狂的なファンがいて市場規模を拡大している。既に1つの文化として根付いていた日本のプロ野球が、ビジネスとして成り立たないわけがない。そう考え、自立した経営ができる球団を目指すようになりました。それが球団の長期低迷につながったという側面もあるのですが……。

オーナー最終年の2022年、オリックスは26年ぶりの日本一に輝いた（写真：時事）

続いて訪れた第3段階への変化で、私は第2段階の自分の考えを一部否定することになります。オリックスだけが頑張ってもどうしようもないところがたくさんあると気付いたのです。相手と対戦するスポーツビジネスは、1チームだけでは成り立ちません。プロ野球全体で1つの事業として成長を考えなければ、本当の意味での成長はできないのです。そこに気付くまでに相当な時間を要しました。

90年近い歴史を持つ日本のプロ野球の特徴は、閉鎖的とも言える環境の中で独自の進化を遂げてきたことです。日本のプロスポーツビジネスとして見れば、他を寄せ付けない圧倒的な人気と市場を持つ。その一方で、海外のスポーツビジネスと比べると明らかに見劣りするレベルにとどまってしまっている。

米メジャーリーグ（ＭＬＢ）のトップクラスで活躍する選手は巨額の契約を勝ち取り、オーナーがチームを売却するときには買収時を大きく上回る価値がつく。ＭＬＢの年俸水準は高騰しすぎの側面もあるので、日本のプロ野球（ＮＰＢ）が同じところを目指す必要はないと個人的には思います。ただ、スポーツビジネスが生み出す価値の面で大きく差を開けられていることには、しっかりと目を向ける必要があるでしょう。


２０２１年の東京オリンピックで日本は金メダルを取り、23年のワールド・ベースボール・クラシック（ＷＢＣ）でも世界一に輝きました。日本の野球は世界トップの実力がある。その価値をビジネスとしてもっと大きく育てたい。私のオーナー人生の終盤はその目標達成に向けて情熱を注いできました。

実現にはほど遠いままでオーナーを退任しましたが、日本のプロ野球にも変革の芽が出てきていると思います。例えば北海道日本ハムファイターズが自前の本拠地を新設したのは、素晴らしいことだと思います。球団が自ら未来を切り開いていく姿が、少しずつ見られるようになってきた。未来を変えようという強い意志を、1球団だけでなく12球団が持ち、1つになって変革を続ければ、日本の野球の未来はもっと明るいものになるはずです。

次世代のオーナーたちにその願いを託しつつ、私が当事者として関わってきたプロ野球の歴史を振り返っていきましょう。

補足説明

注1：阪急電鉄の創業者・小林一三氏の三男で阪急電鉄社長だった小林米三氏の家に入婿。阪急電鉄でトップを務めるだけでなく、宝塚歌劇団の理事長や宝塚音楽学校の校長も務める。

注2：1971年から阪急ブレーブスでヘッドコーチ。74年に37歳の若さで監督就任。90年まで15シーズンブレーブスの監督を務めて5回のパ・リーグ制覇、3度の日本一に輝く。

注3：西鉄ライオンズや近鉄、オリックスでコーチ・監督を務めた。打線を様々に組み替え、様々な奇策を用いる好采配は「仰木マジック」と称された。リーグ優勝は3回で日本一は1回。

第1章

急転直下で決まった ブレーブス買収劇

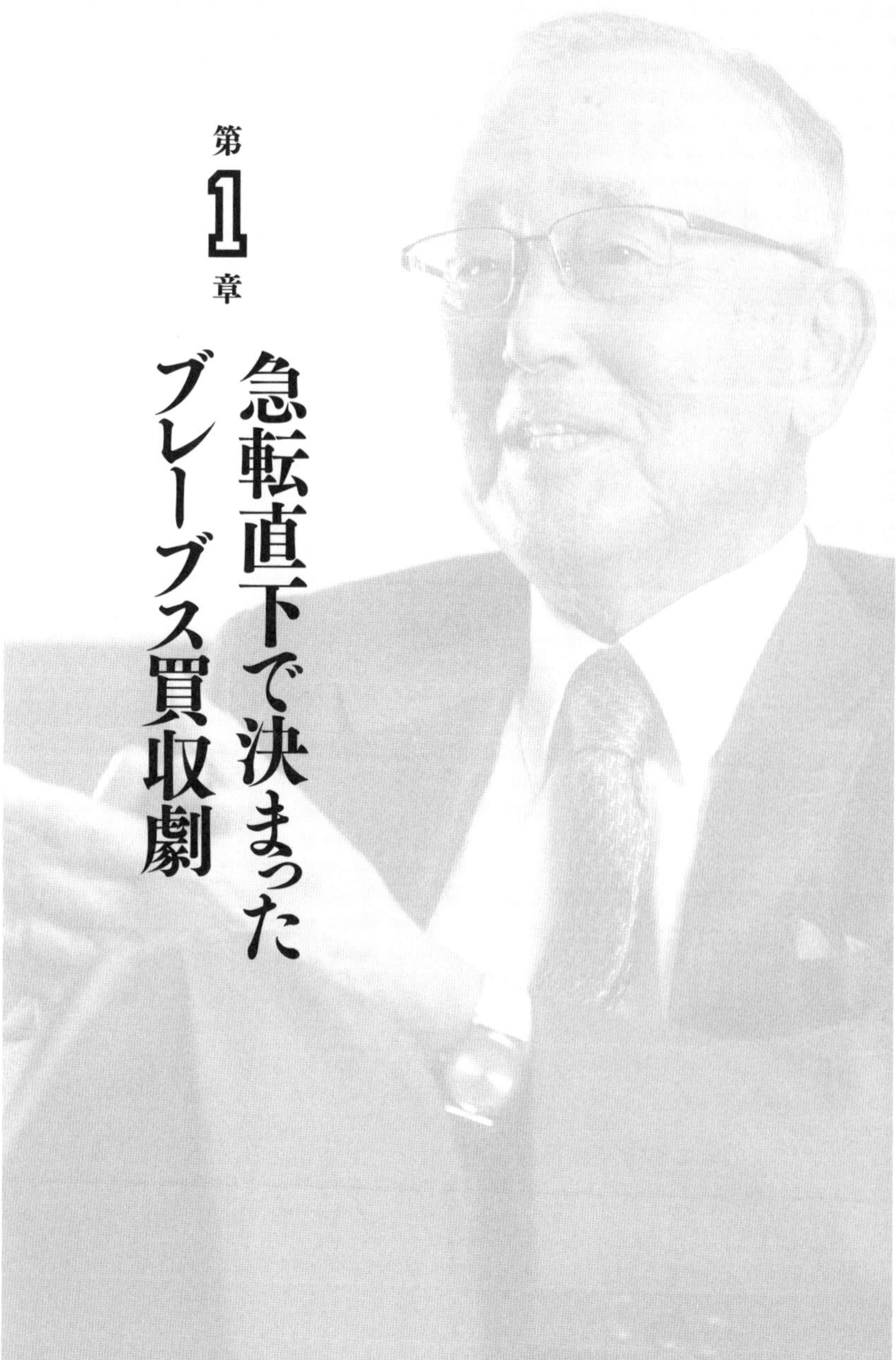

「新聞記者ってこんなにおったんか」

1988年10月19日の夕方5時。大阪・梅田の新阪急ホテルで運命の日を迎えた私の目の前には300人近い報道陣が集まり、私にカメラを向けていました。プロ野球の球団、阪急ブレーブスの買収を発表する記者会見を開いたところ、大勢のマスコミが駆け付けたのです。

当時の私の立場はオリエント・リース(現・オリックス)の社長。オリエント・リースは70年4月に大阪証券取引所第二部に上場し、73年2月には東証・大証・名証市場第一部にそれぞれ株式上場を果たしました。80年から社長に就いていた私は一部上場企業のトップではありましたが、これほどの数の記者が集まるのを見たのは初めて。その数の多さに圧倒されました。

その頃のプロ野球といえば、セ・リーグばかりに注目が集まり、パ・リーグは人気がなかったのは皆さんがご存じの通りです。それでもこれだけのマスコミが集まる。球団買収という「事の大きさ」をその瞬間に肌で感じました。

（上）1988年10月19日に新阪急ホテルで行われた球団買収の記者会見には多くのマスコミが駆け付けた。（下）右から2人目が阪急ブレーブス最後のオーナーだった小林公平さん、その左が私

米国ではプロスポーツチームのオーナーになることは一つのステータスであり、アメリカンドリームの頂点とも言えます。ただ、オリックスが球団を買収し、そして私がオーナーになったのはそのような考えからではありません。

その時点では、プロ野球の球団オーナーになるという覚悟も、ほとんどなかったように思います。それもそのはず、この買収までのプロセスは、たったの2カ月しかなかったのですから。

何気ない言葉から始まった極秘プロジェクト

買収発表の会見から2カ月前の8月、当社の大阪営業部副部長だった西名（弘明）さんは、沖縄の宮古島を訪れていました。三和銀行（現・三菱UFJ銀行）が関わりのある企業を集めた「三水会」の分科会の1つで、営業や企画担当の集まる会合に参加するためです。

翌89年に創業25周年を迎えようとしていたオリエント・リースでは、節目の年に新たなスタートを切るべく、CI（コーポレートアイデンティティー）の策定を始めていました。リース以外に事業を拡大していく中で社名変更は不可欠だと考えていたのです。89年4月には「オリックス」へ社名変更することが決まっていました。四半世紀続いた社名を変えるのは勇気と覚悟が必要です。新たにゼロからブランドを築き直さなければなりませんから。

そんなときに西名さんが宮古島で懇親会に参加したところ、当時うわさが出ていた南海ホークスの身売りについて話題になったそうです。西名さんはその話題の中で、「球団でも持つことができれば、社名なんてすぐに浸透するのになあ」と何気なく話していたといいます。

そこから約2週間後、西名さんに1本の電話が入りました。電話の主は三和銀行の担当者。

「阪急ブレーブスの買収に関心がありますか」――。極秘の打診でした。

その話を、私は河本明三副社長（当時）から聞きました。ただ、最初の感想は「本当か？」です。にわかには信じられませんでした。

ブレーブスを所有する阪急電鉄は関西私鉄の雄。36年に創設されたブレーブスは、巨人や阪神に次いで歴史がある球団でした。10回の優勝経験を持ち、選手には晩年とはいえサブマリン投法の山田久志投手[注1]や世界の盗塁王こと福本豊選手[注2]、そして外国人選手初の三冠王となったブーマー・ウェルズ選手[注3]たちがいる。

そんな強い球団を、あの阪急が手放すはずがない――。そう思って、西名さんに「もう一度確認してくれ」と頼みました。

すると、阪急はブレーブスを今シーズンのうちに手放したがっているというのです。そして、関心があれば三和銀行が仲介してくれるとの話です。前向きに検討したい。私はそう考えて、主だった役員たちとすぐに協議しました。すると、皆も球団買収に前向きでした。こうした動きを乾恒雄会長（当時）に報告すると大変驚いておられましたが、理由を話すと「分かった」と了承してくださいました。

「大いに関心あり」

西名さんに指示して、三和銀行と阪急にこう伝えてもらいました。まさに千載一遇のチャンスでした。

こうして動き始めた極秘の球団買収プロジェクト。交渉のテーブルに着くのは両社とも数名ずつの限られたメンバーでした。阪急サイドは電鉄の幹部だけで、球団の人はいません。

後にブレーブス売却を発表した会見で、オーナーであった阪急の小林公平さんはこう語りました。「球団経営は重荷ではないです。譲渡に至ったのは、プロ野球の振興と青少年のスポーツ振興という、これまで阪急が務めてきた〃社会的使命〃を達成したからです」と。

88年といえばバブル経済のど真ん中。同年には南海電鉄がホークスをダイエーに売却[注4]しています。電鉄会社からすれば、万年赤字が続いている球団を持ち続けるよりも、好景気を背景に沿線開発などに資金を投じたい思いが強かったのかもしれません。

ただ、我々に与えられた時間はほとんどありませんでした。球団買収は当事者だけで済む話ではありません。最終的にオーナー会議で承認される必要があります。そのオーナー会議は年に2〜3回しか開かれません。さらに、球団譲渡については11月30日までにオーナー会議で了承されなければ、買収が1年先送りになってしまう決まりがありました。11月中。それが、来季にオリックスとしてプロ野球に参加するために守らなければならない期限でした。

当時、オーナー会議は10月1日に開かれることが決まっていました。実際、南海ホークスの売却はそのオーナー会議で承認されています。ただ、私たちが阪急にブレーブス買収を正式に打診したのは9月に入ってから。さすがに間に合いません。

そこで狙いを定めたのが、セ・リーグとパ・リーグの覇者が日本一の座を争う「日本シリーズ」の開幕日である10月22日です。同シリーズの初戦には、オーナーたちが観戦に来るのが慣例でした。その日の前後であればオーナーが集まりやすいと考えたのです。まだプロ野球に参入していない私たちは、オーナー会議については何もできません。阪急がコミッショナー事務局にオーナー会議の開催を要請し、その日に向けて阪急と私たちで極秘の交渉を進めました。

後にも先にもない「デューデリジェンスなし」での決断

オリエント・リースは祖業であるリース以外にも事業領域を広げて成長を遂げてきました。その間、成長スピードを上げるためにM＆A（合併・買収）も多く手掛けています。ただ、プロ野球の球団は一般的な事業会社とは存在はおろか収益構造も全く異なります。球団経営に関する資料はいくつか出していただきましたが、球団の適正な価値や将来にわたる収益性などはきちんとはじき出せませんでした。

球団の買収額について、7億円と伝えられているようですが、実際はもっと上の金額でした。当時、オリエント・リース社長室で阪急と交渉に当たった梶原健司さんは今でも「あのとき約束したので、公表はまずいです」と言っています。詳細な金額は明かせませんが、当時のグループ売上高が2200億円くらいだった当社からすれば、それほど負担が大きい金額ではありません。

さらに、ランニングコストも許容範囲だと判断しました。それまで阪急はブレーブスで毎年10億円の赤字が出ていたそうです。年間10億円の広告宣伝費と考えれば、そして、オリックスの知名度を全国に広げるための投資と思えば、決して高くない。後に、この程度の赤字では済まないことが分かるのですが……。

買収に際して阪急が掲げた条件は3つありました。1つは本拠地である阪急西宮球場（当時）の使用を継続すること。もう1つは、球団名の「ブレーブス」を継承すること。そして最後の1つは、当時ブレーブスの監督だった上田利治さんの続投。これはご本人にその意思がある限りという条件付きのものでした。

球団経営の経験がない中で、上田監督の続投はこちらの願望でもありました。いきなり自分たちでホームグラウンドの球場を探すのも大変ですから、西宮球場の使用も問題はありません。ブレーブスという名称を継続して使うところには少し引っかかりを覚えましたが、白紙に戻すほどのことでもありません。覚書には、将来変更を要する場合には、「相当の期間前にその旨を通知する」と書かれており、未来永劫ではなかったのでよしと判断しました。結果、私は後にも先にもない、デューデリジェンス（資産査定）がほとんどない買収に踏み切ったのです。

ブレーブス売却 球団社長も知らされず

球団買収の調印式が行われたのは10月14日。場所は東京のホテルオークラでした。立会人は当時の三和銀行頭取の渡辺滉氏です。阪急グループからはオーナーだった小林さんら数名の参加で、当社からも私と数名の幹部が参加しました。ブレーブスに「大いに関心あり」と答えてから、実質1カ月強という短い時間で締結に至りました。

買収交渉を極秘で進めたため、ブレーブス球団は誰一人として売却されることを知らされていませんでした。当時の球団社長だった土田善久さんに通達されたのは調印式の翌日である15日だったそうです。球団買収を正式発表した19日の会見で土田さんが涙を流す姿を覚えている方も多いかもしれません。それだけブレーブスへの愛情が強かったのでしょう。

上田監督には調印式の3日後、17日に阪急の小林さんが伝え、その後私を上田監督に引き合わせてくださいました。ブレーブスの選手や職員の皆さんからすれば、まさに寝耳に水。阪急が球団を手放すとは考えていなかったようで、皆さん一様にショックを受けていました。

上田監督とは引き合わせの場が初対面です。私はその場で来季以降の続投をお願いしました。ただ、「阪急の顔」として長くチームをけん引してきた上田さんのショックはとても大きかった。引き合わせてくれた小林さんも続投に向けて後押しをしてくれましたが、その場では上田監督からの色よい返事はもらえませんでした。

私はすっかり忘れていましたが、当時ブレーブスの球団広報をしていた小川友次さんいわく、私は上田監督に直筆の手紙を出していたそうです。全く記憶になかったので当時の手帳を見返すと、確かに書いていました。

人間の記憶なんていい加減なもの。やっぱり記録は残すべきですね。手帳には、続投を請願する手紙をしたため、18日に投函したとありました。その後、21日に上田監督に直接電話をしており、その日のメモに「留任公算大」とあります。私なりの誠意が上田監督に通じたのは、買収を正式に発表した19日よりも後だったようです。

知名度低く別会社に取材陣が殺到

会見の日は、パ・リーグは近鉄が優勝をかけてロッテとダブルヘッダーの試合に臨んだ「10・19」[注5]の日でもありました。シーズン最終盤で優勝が決まるという劇的な一日でしたが、マスコミ各社は阪急の身売りを大きく報じました。日程的にやむを得なかったとはいえ、白熱したペナントレースに水を差し、申し訳のない結果になりました。

当時のオリエント・リースは東証一部に上場していたとはいえ、全国的な知名度はあまり高くありませんでした。知る人ぞ知る会社という存在です。ブレーブスを買収するのがオリエント・リースと判明した時も、記者の皆さんが間違ってオリエントファイナンス（現・オリエントコーポレーション＝オリコ）さんの本社に走っていったという話があるくらいです。

関西ではとりわけブランド力も高く、歴史と伝統がある阪急。そこが持つブレーブスが、オリックスという聞いたこともない会社に買収されるというのは、大きな衝撃をもって受け止められました。

同じ年にホークス球団を買収したダイエーは、関西発で庶民にもなじみがあり、飛ぶ鳥を落とす勢いで成長していました。そんなダイエーが球団を買収するという話は、納得しやすかったかもしれません。

今では自動車のリースが家庭でも使われるなど、リースという業態自体が一般にも浸透しましたが、当時はＢtoＢ（企業間取引）が中心で、リースという業態自体があまり認知されていなかった。「何をしている会社か分からない」という印象が強かったと思います。

だからこそ、プロ野球への参入を決意したのです。知名度を高めるために、日本人の文化に根付いたプロ野球というコンテンツに狙いを定めたわけです。オリックスへの社名変更を機に会社をさらに成長させていくための、乾坤一擲《けんこんいってき》の作戦でした。

「どうせ10年後には違う会社にブレーブスを売ってるんだろう」。当時はそんなこともよく言われました。

でも、昔から今まで、球団を手放したいと思ったことは一度たりともありません。低迷が長く続いた時期も、そんな考えは全く浮かびませんでした。

そして、気付けばオーナー歴は34年に達し、近年では誰よりも長くオーナーを務めてきました。球団を愛する思いは、買収を決意したあの日よりもずっと深く、大きいものへ、歳月の経過とともに変わっていきました。

根回し一切なしのオーナー会議

買収時のエピソードに話を戻しましょう。会見から2日後、私たちが狙いを定めた日本シリーズ初日の前日にオーナー会議が開かれることになりました。

この年の日本シリーズは、星野仙一監督（当時）率いるセ・リーグ覇者の中日ドラゴンズが、パ・リーグで黄金期を築く名将・森祇晶監督（同）の西武ライオンズ（現・埼玉西武ライオンズ）と激突する組み合わせでした。無類の野球好きである私にとってナゴヤ球場で開催される第1戦の行方も気になりますが、このときばかりは自社のプロ野球参入の可否とその後の運営のことが頭の中を占めていました。

球団譲渡が承認されるまでは、私はオーナーではありません。もちろんオーナー会議にも参加していません。阪急以外の各球団のオーナーに事前に会うこともなく、根回しなど一切していない状況でオーナー会議が開かれました。そこでどのような議論があったのかは今でも知りませんが、無事に承認されたとの連絡を受け、ホッとしたことを覚えています。

その年の最後のオーナー会議だったこともあり、納会のような宴会が用意されていました。場所は名古屋のある老舗料亭。その大広間に私は呼ばれました。プロ野球のコミッショナーや12球団のオーナーが勢ぞろいする場で、温厚で紳士的な阪急の小林さんが新参者の私を引き連れて、一生懸命、先輩オーナーたちへ紹介してくださいました。

今でこそ若いオーナーが増えていますが、当時は財界の重鎮が中心。53歳だった私からすれば、経営者としても大先輩に当たる人ばかりでした。西武ライオンズの堤義明オーナーは私より少し上の同年代ですが、堤さんご本人はほとんどオーナー会議には出てこられませんでした。

それまで、証券会社や不動産会社などいろいろな業界の企業のM＆Aを手掛けてきましたが、プロ野球の球団は極めて異色の存在です。50代前半で、気力も体力もまだ充実していた私は、今までに経験のない事業の経営に、心が躍っていました。オーナーという肩書を得ることよりも、経営者としての関心が勝っていたのです。

買収後にやっと分かった数々の想定外

ただ、すべてがうまくいったわけではありません。デューデリジェンスなしの一発勝負でスピード買収した分、そのデメリットも出てきます。想定外の事態が次々に襲いかかってきました。

その最たるものが赤字額。球団経営は赤字と阪急から聞いていましたが、想定以上の経費増に悩まされることになりました。

例えば球場の使用料です。ホームグラウンドである西宮球場は阪急の所有です。これまでは球団に使用料の負担はありませんでした。ですが、オリックスの球団が使うとなれば、当然、球場使用料を阪急に払う必要があります。それまで球場使用料の支払いがなかった分、支出が増えるのは避けられませんでした。

「オリックス・ブレーブス」として新たにスタートを切るためには、プロモーション費用も積まなければなりません。そうするとどんどんお金が出ていく。結果的に、1年目の球団の赤字額は30億円近くまで膨れ上がりました。

当時の球団の売上高は30億円程度だったでしょうか。この売上高に対する赤字額としてはかなり大きい。いかにして売上高を伸ばすか。多くのファンが球場に駆け付け、グッズを買ってくれればいいのですが、実際はそうではなかった。

経営主体が変わったものの、監督をはじめチームの中身はほぼ変わっていません。ホームタウンも西宮のまま。「オリックスに変わったからファンになろう！」という人は多くない。阪急ブレーブス時代から西宮球場には閑古鳥が鳴いていましたが、それに加えて、阪急に愛着があった熱烈なファンが離れていってしまう。そんな厳しい環境下での船出でした。

「想定外」の出来事は球界の外でも起こりました。88年の暮れから次の年明けにかけて、新オーナーとして各方面にあいさつ回りをしていた私に、お膝元である西宮市長が放った一言は、今でも忘れられません。

「競輪の日程を考えて野球の試合を開催してほしい」

西宮球場は野球以外にもコンサートなど色々なイベントに使われていました。その最たるものが競輪です。西宮市など兵庫県下の20の自治体が参画する「兵庫県市町競輪事務組合」が西宮球場や甲子園競輪場で競輪を開催していました。[注6]

当時のパ・リーグは人気がありませんでしたから、集客力も弱い。一方の競輪はギャンブル好きな人が集まる人気のコンテンツ。収益は西宮市をはじめとする自治体にも還元されるから、市としては競輪の開催日を優先してほしいわけです。彼らの考えは理解できます。自分たちの事情を考えれば、その判断は間違っていません。

ちなみに、プロ野球の公式戦の試合日程はそれぞれのリーグ6球団の営業担当者と連盟職員で構成される「日程編成会議」で案が作成され、リーグ理事会の承認によって確定します。現在はコンピューターの力を借りて随分スムーズになっているようですが、昔は手作業で行っていたので、どうしても結果として有利・不利なチームが出ることが間間ありました。

かつて東京ドームを本拠地球場としていた日本ハムファイターズが北海道へ移転した理由の1つも、球場使用の制約にあったのではないでしょうか。連休などの集客が見込まれる日程は、集客力がある巨人の方が優先されがちでしょう。球場所有者からすれば、人気があり、売り上げの多いところを優先するのは当然です。

ライバルはリーグの中だけではありません。西宮球場を抱える阪急としても、球場使用料として高い収益を得られる競輪を優先したくなるのは当然の理です。お盆などのかき入れ時を優先的に競輪の日程で決められると、私たちはそれを除いたところで野球をするしかないわけです。

いかにファンを増やして、球団の魅力を高めていくか――。それを突き詰めなければならないのに、大事なホームでの試合日程で競輪を優先されてしまうと、ファンが増えるはずもありません。そして、なぜファンが増えないのかを私たちなりに調べたところ、原因の1つがスタジアムのイメージでした。競輪やギャンブルの印象が強いため、女性や子供が足を運びにくくなっていたのです。新しいファンを獲得するためには女性と子供のファンを増やしたいが、このスタジアムでは極めて難しい。そこに加えて西宮市長の発言です。この一言が私を突き動かしました。

「一日も早く、西宮を出よう」。そう決意したのです。

だからといって簡単に本拠地の球場を変えられるかというと、そうではありません。代替の球場を探さなければいけませんし、そもそも阪急との約束があります。西宮球場の継続利用が譲渡条件の1つであり、そこは了承して買収したからです。阪急と交わした覚書には、西宮球場の使用継続に関して変更を要する場合には「相当の期間前にその旨通知するものとする」と書いてあります。

日本語は難しいですね。「相当の期間前」とはどの程度の期間をいうのか。数週間なのか、数年なのか――。人やその対象によって期間の解釈は大きく変わるでしょう。一日も早く西宮から出たいと私は感じていましたが、私だけの解釈で対応すると、阪急から約束を反故にしたと見なされてしまう恐れがあります。

取り壊し前の西宮球場（1991年から名称は西宮スタジアムに変更）。球団買収当時に西宮市長が放った一言が本拠地移転を決意させた（写真：共同通信）

相当の期間前がどれくらいの期間を指すのかを、担当者に急いで確認してもらいました。すると、専用球場の変更は「変更予定シーズンの前年年初よりも前」、球団名称の変更は「変更の1年前」を目安とすると相互で確認していたことが分かりました。準備期間として2年ほどあれば十分です。

その2年後、私たちは球団名を「オリックス・ブルーウェーブ」と改め、本拠地を神戸に移しています。新たなファンを獲得して球団経営を改善させるためには、神戸への移転は必然だったのです。

選手の多くが「親会社」しか見ていなかった

球団を買収する10年以上も前、プロ野球選手に対してどうしても納得できなかった個人的なエピソードがあります。プロ野球ファンの息子がまだ小学生の頃でした。当時の阪急ブレーブスは、東京で試合があるときは品川プリンスホテルを定宿としていました。自宅が近かったので息子がそこに行ってみると、偶然選手を見かけたので、サインをお願いしたそうです。ところが、「女の子にだけサインして僕のサインはすっぽかしてぷいっと向こうへ行ってしまった」と、えらく怒って帰ってきたのです。「そんなバカなことがあるか」と私も憤りました。

そのときは何か理由があったのかもしれませんが、プロ野球選手が子供からサインをせがまれても無視して、女性にだけ対応するなんて、あってはならないと思っています。子供にとってはとても貴重な体験で、そのサインだけで生涯のファンになってくれるかもしれないのだから。球団を買収したのはその出来事から随分と時間がたってからですが、実態はあまり変わっていませんでした。

買収して間もない頃、選手の皆さんの気持ちを聞きたいと思って私からコミュニケーションを取ったことがあります。「あなたたちが大好きな野球をして生活できているのは、誰の存在のおかげだと思いますか？」と尋ねてみたのです。そうしたら多くの選手が「親会社」と答える。誰の口からも「ファン」が出てきません。

確かに、当時のパ・リーグは人気がなく、球団経営も万年赤字。それでもプロ野球選手として生活できていたのは、親会社の忍耐があったから。それは明白な事実です。ただ、なぜ球団経営が厳しいのかを考えない。これは教育し直さないといけないと感じました。なぜ親会社がすべての赤字の補填をしなければいけないのだと。

ファンが増えて球場がお客さまで満たされれば入場料収入が増えるし、グッズの販売も増えて球団経営はずっと楽になる。つまり、ファンが増えれば親会社に頼らなくても、自分たちだけでやっていけるわけです。

選手にファンが付いているから親会社もあるのです。選手たちにはまず、親会社のためという考えは絶対にダメだと伝えました。選手が一番大切にすべき対象はファンであって、ファンの支持があってはじめてプロ野球が成り立つのです。万が一にもファンに対して失礼なことがあってはいけない。そこから教育しました。

それから、「ファンのサインには極力、全部応じなさい」とか「ファンあってのプロ野球選手であることを自覚してほしい」とか、相当しつこく言った覚えがあります。裏返せば、親会社依存の体質が、それだけチームの隅々にまで浸透していたということでしょう。

球団売却で一番衝撃を受けたのは球団職員や選手だったと思います。阪急という存在は揺るぎのないもので、絶対に倒れることのない大黒柱だと信じ込んでいた。

それが、聞いたこともないオリエント・リースという会社に売られたことのショックはとてつもなく大きかったでしょう。彼らが阪急に対して持っていた敬意と、オリエント・リースへの対応は随分違いました。彼らが適応するのはしんどかったはずです。だからこそ、職員や選手の意識改革が不可欠でした。

球団経営者の公募応募は1100通超に

球団を買ったはいいものの、経営のノウハウなどは全くありません。どうしたらいいものかと悩みました。まずは、阪急ブレーブス時代に球団広報を務めていた小川さんにはオリックスになってもしばらく残ってもらいつつ、オリックスの社員を何人か球団へ出向させました。奥村摩美さんという若い女性を広報職員として本社から派遣した際には、上田監督が目を丸くして「女性をベンチに入れるんですか?」と聞いてきたことを今でも覚えています。男性社会が色濃かった当時ならではの思い出です。

ただ、オリックスがいくら多面的に事業を展開してきたとはいえ、プロ野球という特殊な興行の世界は初めてです。出向したオリックス社員たちが興行を仕切れるのかという不安は拭い去れませんでした。そこで経験者のスカウトを考えたのですが、調べてみると狭い球界での「引き抜きはご法度」という不文律があることを知りました。スカウトがダメなら、いっそのこと公募しようと決めました。このことは、日本経済新聞の1面記事にもなりました。

「副社長クラスの球団経営者を募集」

インターネットなどない時代です。この新聞記事は大きな反響を呼びました。球団経営に携わる機会はそうありません。芸能人や大学教授、弁護士、一部上場企業のトップ経験者などいろいろな方からの応募が殺到しました。

その数、なんと1100通超。たくさんの応募をむげにはできません。変な断り方をしたら、その後のビジネスで悪影響が出るリスクだってあります。1人ずつ丁寧に履歴書を確認していく中で見つけたのが、米国から送られてきた1通の履歴書でした。米国丸善石油（現・米国コスモ石油）で副社長を務めた井箆重慶《いのうしげよし》さん。1100通を超える応募から採用した幹部は、彼を含めてたったの2人。ほかに一般職員が5人のみでした。井箆さんも球団経営の経験はありません。ただ、学生時代に野球をしていて、米国の生活が長く私と近い価値観を持っていた。その彼に球団代表をお願いし、現場を託そうと思いました。

こうして、新たな球団「オリックス・ブレーブス」が始動したのです。

補足説明

注1：1968年ドラフト1位で阪急ブレーブス入団。独特のサブマリン投法で17年連続2桁勝利。通算成績は284勝166敗43セーブ。防御率3・18でブレーブス黄金時代を支えた。

注2：1968年ドラフト7位でブレーブス入団。13年連続盗塁王を記録するなど、通算盗塁数1065は一時世界記録に。「世界の盗塁王」とも呼ばれた。

注3：米MLBを経て1983年にブレーブス入団。84年に来日外国人として初の三冠王に。NPB10年で首位打者2回、本塁打王1回、打点王4回とブレーブスの中核打者として活躍。

注4：南海電鉄は球団創設50年の1988年9月13日、ホークスの売却を発表、本拠地を大阪から福岡に移転した。その後2004年にダイエーはソフトバンクに球団を売却している。

注5：西武と優勝を争う近鉄がシーズン最後の2試合をロッテとのダブルヘッダーで迎えた。近鉄が2試合目に引き分けて優勝を逃した、野球ファンの記憶に残る伝説の一日。

注6：球場内に走行路を組み立て競輪場としても利用された。1日当たりの入場者数がプロ野球よりも多く見込めるため、かき入れ時には競輪の日程が優先されたこともあったという。

証言・詳言 1

続投を固辞していた上田監督 心を動かした1通の手紙

梅田芸術劇場 取締役会長

小川 友次氏

おがわ・ともつぐ
1956年生まれ、67歳。慶応義塾大学法学部卒業後、79年に阪急電鉄入社。現場業務後、83年に阪急ブレーブスに出向し広報を担当。ブレーブス売却後に阪急に戻り、2009年に梅田芸術劇場の社長。15年から21年３月まで宝塚歌劇団理事長を務める。現在は梅田芸術劇場の取締役会長とタカラヅカ・ライブ・ネクストの社長。23年7月から学校法人梅花学園理事長も務める。（写真：菅野 勝男）

長らくオーナーを務めた宮内義彦氏とはどのような人物なのか。本書では、球団経営で宮内氏と深く関わった4人による「証言・詳言」もお届けする。最初は宮内氏が球団を買収し、オーナーに就任したときの内情をよく知る、当時の球団広報・小川友次氏。阪急時代からオリックス時代にまたがって広報を担い、球団の変化を見届けた。新生ブレーブスでも指揮を執ることになった初代監督、上田利治氏を口説き落とした宮内氏の「誠意」とは——。（構成：白壁 達久）

1988年10月19日、阪急ブレーブスはオリエント・リース（現・オリックス）に球団を譲渡すると発表しました。79年に阪急電鉄に入社した私は、学生時代に野球をやっていたことも影響したのか、83年にブレーブスへと異動になり球団広報を担当していました。

パ・リーグの歴史の中でも語り継がれる「10・19」。この日、近鉄バファローズとロッテオリオンズ（当時）のダブルヘッダー（同日の2試合）が川崎球場で行われました。シーズン終了間際、近鉄が連勝すれば優勝という大一番です。

その戦いが繰り広げられている裏側で、私は大阪・梅田にある「新阪急ホテル」で、夕方5時から開催するブレーブスの球団譲渡の記者会見の準備に奔走していました。ブレーブスの売却は、広報担当の私はもちろん、球団のみんなが直前まで知らされていませんでした。それは球団社長であった土田善久さんも同じ。小林公平オーナーが土田社長に売却を伝えたのは阪急とオリエント・リースで球団譲渡の基本合意をした後で、会見のわずか数日前のことです。そして、選手たちに知らされたのは、会見当日の午後になってからでした。

球団譲渡の会見に、上田利治監督は「自分は行かない」と言うんです。70年代からコーチや監督として長くブレーブスをけん引してきた上田監督は、阪急への思いが人一倍大きかったのでしょう。午後5時からの会見には参加せず、午後7時から個別に会見を開くことになりました。場所も新阪急ホテルではなく、大阪の梅田駅から電車で20分ほどの距離にある千里阪急ホテルでした。

「阪急が身売りをするならば、自分も退く」

それが上田監督の考えだったのでしょう。新オーナーとなる宮内さんからは続投を要請されていましたが、首を縦に振らなかった。

そんな上田さんがなぜ、オリックス・ブレーブスでも指揮を執ることになったのか。上田監督の気持ちを動かした瞬間に、私は立ち会うことができました。

千里阪急ホテルは上田さんが当時住んでいた場所の近くでした。会見が終わったものの、わだかまりを抱える私たちは勢い、上田さんのご自宅で飲むことになったのです。やけ酒みたいなものですね。

急転直下で運命が変わった自分たちの不遇を話していたとき、インターホンが鳴りました。玄関の先に立っていたのは、オリエント・リースからの使者でした。宮内さんの秘書でしょうか。手紙を持参していました。

そこには直筆で、宮内さんの新球団に対する思いがしたためられていたのです。内容は細かく覚えているわけではありません。ただ、生半可な気持ちで参入するわけではないことや、強いチームをつくっていくためには上田監督の力がどうしても必要だという熱いメッセージが書かれていました。

正直なところ、宮内さんやオリエント・リースのことは当時、ほとんど知りませんでした。ただ、上田監督と対面で話して続投の承諾をもらえなかった際に、すぐさま自身の思いを直筆で手紙にして届けるという行動力やその速さに、社長になる人は器が違うと痛感したのを覚えています。

上田さんはその手紙を受け取って気持ちが動き、とある偉い方に相談をしたところ「船が沈むときには船長は最後までいなきゃダメだ」とアドバイスを受けたそうです。そこで腹をくくり、「やっぱり、船が沈むまで自分はいる」と決意したのです。

世界の盗塁王とエースが引退
破格のトレードを敢行

阪急がブレーブスをオリエント・リースに売却した後も、私は球団に出向する形でしばらく残ることになりました。球団のことや広報が分かる人が必要という理由からです。ブレーブスにとって89年は、親会社の変更にとどまらず、チームにとっても大きな変革期にありました。

それが、ブレーブスの顔である山田久志投手と福本豊選手の引退です。日本を代表するサブマリン（下手投げ）投手と、盗塁数の世界記録を打ち立てた世界の盗塁王。強いブレーブスをけん引した2大巨頭の引退でチーム力は大きく下がる。

そこで獲得したのが、88年に南海からダイエーに売却されたホークスの大砲、門田博光選手です。「近鉄入りが濃厚」とメディアが報じる中で争奪戦に勝ったのは、「即断即決」を信条とする上田監督のなせる業でした。オリックスからは若手投手2人と捕手1人という3選手がダイエーへ移籍。さらに金銭もつける「1対3プラス金銭」という破格のトレードです。

オリックスにとって厳しい条件をのんだのも、やはりチームを強くしたいという気持ちの表れだったのではないでしょうか。もし「ただの沈みゆく船に乗る船長」だと思っていたら、そこまで補強にこだわらなかったでしょう。その背景には、上田さん

上田利治監督(右)の人間力で争奪戦を勝ち抜き、門田博光選手(中)をトレードで獲得。左は近藤靖夫・初代球団社長(写真:共同通信)

を監督としてもう一度奮い立たせた宮内オーナーの手紙があったのだと思います。

私はその後、阪急電鉄に戻りましたが、宮内さんとはその後もご縁があって交流を続けていただいています。会うたびに感じるのは、野球へのひたむきな愛ですね。

宮内さんがずっと球団経営の黒字化を訴えてきたのは、オリックスの祖業がリース業という金融系であるがゆえに、ガバナンス（企業統治）を意識していた部分もあったのかもしれません。それは、阪急ブレーブス時代とは大きく異なる文化です。野球を愛している分、経営者として注文をつけなければならないことのジレンマに苦しまれた部分はあったでしょう。

過去の思い出話だけでなく、今のチームの話をする際も常に満面の笑みを浮かべる宮内さん。最近はチームが強いからということもあるのでしょうが、やはり今も昔も、心の底から野球を愛しているのだなと思います。最後の日本一でのオーナー退任は、天からの授け物ですね。

第2章

オーナー視点の監督論 そしてフロント

プロ野球ファンにとっても野球選手にとっても重要な関心事の1つが「誰がチームの監督を務めるか」です。

監督というのは大変な仕事です。優勝という目標に向かって自軍が抱える戦力をどう使いこなして半年強のペナントレースを戦い抜くか。チームにまとまりを持たせて目の前の1勝を取るだけでなく、来季以降の戦いを視野に入れた若手の育成も同時に行わなければなりません。

戦力が同じとして、監督の力量でどれくらいの差が生まれるのか。シーズンの勝ち星での差は5〜10くらい。それが私の持論です。

たかが10、されど10です。143試合（2023年現在）を戦いながら、1つの勝敗や引き分けの数で優勝を逃すこともある。実際、14年のシーズンは首位とゲーム差（勝率による順位の上位チームと下位チームの差を示す目安）なしながら勝率でわずかに下回り、2位になってしまいました。

ブレーブスを買収した際の上田利治監督に始まり、直近の中嶋聡監督まで、オーナー34年の歴史でオリックスを率いてくれた監督は14人を数えます。ただ低迷が続いた時期はシーズンの途中で交代したり、毎年のように監督が代わったりすることもありました。14人の皆さん誰もが、最大限の力を発揮してくれた。感謝の言葉しかありません。

■ オリックスを支えた歴代監督

年度	監督
1989-90	上田利治
91〜93	土井正三
94〜2001、05	仰木彬
02〜03	石毛宏典
03	レオン・リー
04	伊原春樹
06	中村勝広
07〜08	テリー・コリンズ
08※〜09	大石大二郎
10〜12	岡田彰布
12※〜15	森脇浩司
15※〜18	福良淳一
19〜20	西村徳文
20※〜	中嶋聡

※はシーズン途中に監督代行として就任

義理を果たした上田さん 生真面目な土井さん

阪急ブレーブスから継続してオリックスの監督を務めてくださったのが上田さん。私たちは球団経営のど素人で、監督の手腕を評価できるレベルにまで行っていませんでした。とにかく全く分からない。オーナー会社としては、実績のある上田さんに頼らざるを得なかった。

阪急から急に親会社が変わっただけでも選手や球団は相当なショックを受けていました。その上ブレーブスの顔とも言うべき山田久志投手や福本豊選手が1988年シーズンをもって引退。監督まで代わると、チームはかなり崩れてしまったでしょう。

オリックスの1年目、ホークスからトレードで門田博光選手を獲得しました。トレード成立時に彼は40歳。選手としては晩年を迎えた時期でしたが、門田選手1人に対してブレーブスは若手3人プラス金銭というトレードでした。

近鉄バファローズとの争奪戦を勝ち抜いて門田選手を獲得できた最大の理由は、上田監督の存在です。門田選手に惚れ込んだ上田さんが直接電話して猛アタック。一時は近鉄の獲得が有力と報じられた中で、逆転してブレーブスに来てもらえたのは、上田監督の人間力あってのことです。どれだけオーナーが頑張ったとしても、門田選手を連れてくることはできなかったでしょう。

ブーマー（・ウェルズ）選手や門田選手の活躍もあり、89年シーズンの新生オリックス・ブレーブスは開幕から8連勝を飾りました。財界でお付き合いのある経営者からは、「いったい何連勝するんだ」と、驚き交じりのお褒めの言葉をたくさんいただきました。

スタートダッシュこそ成功したものの、そのシーズンは惜しくも2位。続く90年も2位でまたも優勝を逃しましたが、オリックスの知名度を上げるという当初の目的は果たせていた。オーナーの私としては何も文句はない状況でした。もちろん悔しくはありましたが。

オリックスの初代監督を務めてくれた上田利治さん（右）から土井正三さん（左）にバトンタッチ（写真：時事）

2年目のシーズンには、翌91年からチーム名を「オリックス・ブルーウェーブ」に改め、本拠地を神戸に移転することが決まりました。その門出を前に、上田監督から90年のシーズン終了をもって辞任したいとの申し出がありました。

阪急からオリックスに変わって2年。もうこれで義理は果たしたと思われたのでしょう。彼もいろいろ疲れ果てたのかもしれません。球団買収というとんでもないことが起こった際に揺るぎなくチームを支え、次にバトンタッチできるよう、本当によくやってくれた。上田さんとは、退任後もずっとお付き合いをさせていただきました。

ここでオリックスとしては初めて、自分たちで次期監督を選ぶ必要に迫られました。ところで皆さんは、プロ野球の監督は誰が決めると思われますか？　もちろんチームによって異なるでしょうが、オリックスの場合について説明しましょう。

まず、監督はどう決めるのか。これは簡単で明確です。最終的に決めるのはオーナーなのです。ただ、いわゆる「鶴の一声」でオーナーが誰かを連れてきて決めるわけではありません。

野球好きの端くれとして、私も「彼はどうだろうか」と提案してみます。ですが、それを聞いてもらえることはほとんどありません。

やはり「餅は餅屋」ですから、選定は野球の専門家に任せています。球団幹部は「来シーズンからは誰がフリーになるか」などの情報を察知しながら候補者を選び、提案してくれます。

初めて監督を選ぶことになった上田監督の退任時、球団から強く推薦があったのが、元巨人の名内野手、土井正三さんでした。

神戸への本拠地の移転が決まっていた中で、その初年度を率いてもらうには地元出身の人がいいという意見も内部で出ていたのです。神戸出身の土井さんはまさに適任だと私も感じました。

ただ、私たちの一存だけで簡単に事は運べません。土井さんは巨人の「V9」時代に中心選手として活躍し、引退後も巨人のコーチなどを長く務めました。巨人は球界の盟主です。無縁と言っても過言ではないオリックスの監督になってもらいたいが、その前に話を通しておくべき人がいました。それが、長嶋茂雄さんです。

土井さんは東京六大学野球では立教大で活躍。その後巨人に入団を果たしました。長嶋さんの7学年下と年は離れているものの、長嶋監督時代にはコーチに起用するなど、秘蔵っ子として同窓の土井さんをかわいがっていました。

「オリックスの監督に就任するには、長嶋さんに一言断りを入れなければならない」

土井さんからはこう相談されました。ここでようやく、私の出番です。長嶋さんご夫妻と土井さんご夫妻、そして私たち夫婦の3組で食事会を開きました。もちろん、この時点で監督に就任というのはほぼ固まっています。ただオーナーとして、「あなたの愛弟子、大事に使わせてもらいます」という気持ちを伝えさせていただきました。長嶋さんとゆっくり食事をしたのはその1回だけですが、それ以後も私の顔を見たらすぐにニコニコあいさつをしてくれるようなナイスパーソンです。会食での詳しい会話の内容こそ忘れてしまいましたが、気さくな長嶋さんとの会食をもって、土井さんの監督就任が決まったのです。

三顧の礼で土井監督を招き入れ、本拠地を神戸に移したブルーウェーブのシーズンが始まりました。ところが、なかなか勝てない日々が続きました。土井さんはコーチの経験はあったものの、監督は初めて。とても真面目な性分で、まなじりを決して戦うのだけれど、なかなか結果が付いてこない。阪急ブレーブス時代の選手たちのピークが過ぎ始めた頃だったのでしょう。選手の交代期で、土井さんにはしんどい思いをさせてしまいました。

所沢の西武ライオンズ球場（現・ベルーナドーム）で試合があったある週末のこと。

かなり負けが込んでいた頃でした。珍しく私も所沢まで見に行ったのですが、雨で中止になってしまった。私は土井監督に「ゆっくり話をしましょう」と声をかけて、立川のチーム宿舎へ一緒に戻り、彼の部屋でチーム状況などを深く話し合いました。しゅんと途方に暮れて、とても暗いミーティングになりました。監督がシーズンの開始時や終了後にオーナーに戦績などを報告することはありますが、監督と2人でシーズン中に語り合ったのはあれが最初で最後です。

私もオーナーとしてはまだ日が浅く、土井さんも初めての監督。お互い一生懸命だったのでしょう。

門限なしの自由さが現場を引き締めた仰木マジックの極意

土井さんは苦しみながらも3年連続で3位となり、Aクラスを死守してくれました。ただ、チームとしてもう一段上に上がるには、変革が不可欠でした。そこで94年のシーズンに招へいしたのが、仰木彬監督です。

仰木さんは前々年まで近鉄バファローズの監督を務めていました。同一リーグの別チームの監督を連れてくるということは、それまであまりなかったように思います。

球団代表だった井箟さんが、「仰木さんはアベイラブル（契約可能）です」と進言してきた日のことは今でも忘れません。「昨日の敵の大将を呼んでくるのはいかがなものか」と私は渋ったのですが、現場からの要望が非常に強かった。「この人以外、いない」と薦めてくるのです。

仰木さんは近鉄を辞めて、しばらくはユニホームを脱いでと思っていたのでしょう。初めて会った時は「まさかオリックスから呼ばれるとは思わなかったですよ」と何度も言っていました。同一リーグで、しかも同じ関西に本拠地を持つ球団からまさかのオファーが来たことに驚いたのでしょう。それでも、すぐに快諾してくれました。

仰木さんと私は同い年。彼は人間的にも非常にチャーミングで、きっちりしている。私のそれまで歩んできた人生ではあまり接点がないような人だったのに、とても気持ちょく付き合える。面白いものです。人間というのは、いろいろな道筋を通っていろいろな人と出会い、刺激をいただいて、だんだんと一人前になるのだな――そう感じさせてもらった人物です。

彼の人間力を表すエピソードを1つ紹介しましょう。実は私の母は大の野球好き。私が野球ファンになったきっかけでもあります。

私がオーナーになった時、母はまだ存命で、本当に喜んでくれました。そして、母は1人でよく試合を見にきていたのです。ホームの神戸での試合だけでなく、近鉄バファローズとの対戦を見るために、藤井寺球場[注1]まで応援に行くこともあった。あるとき、藤井寺球場での試合途中で大雨に見舞われたそうで、「びしょ濡れになって往生した」みたいな話をしていたのですが、仰木さんはなぜかその話を知っていました。

その後も会うたびに「お母さんはお元気ですか」と声をかけてくれる。仰木さんが監督を退いた後、私の母が亡くなった時も、わざわざ家に訪ねてきてくれました。そういう心遣いがものすごくできる人で、一緒に食事していても楽しい。

オリックスの基礎を築いてくれた仰木さん

皆さんご存じの通り、仰木さんはお酒が大好きで、女性にもすごくモテる。春季キャンプでは、宮古島のホテルのロビーにざーっと女性が並んでいるわけです。うちの選手はモテるなと思ってスタッフに聞いたら、「ほとんどが監督のファンです」と。若い女性から年配の方まで、本当によくモテた。今に至る女性ファン層の厚さの基礎をつくったのは、仰木さんの貢献が大いにあったと信じています。

真面目だった土井さんとは対照的な存在のように見える仰木監督。実際、選手たちは当初すごく戸惑っていました。

選手たちを苦しめたのが「自由」の概念です。仰木監督はとにかく選手を縛らない。若い選手も多いプロ野球では門限を厳しく定めるチームも少なくありませんが、仰木さんは「そんなもん勝手にやらせておきなさい」「二日酔いでもおとがめなし」というスタンス。ご自身もお酒が好きだったというのはありますが、彼が選手に自由を与えた理由はそれだけではありません。

プロ野球の世界に入ってくる選手の多くは、それまで体育会の世界で厳しい統制を強いられてきた人ばかりです。規則正しい生活からあいさつ、練習内容まで監督やコーチからの指示にきちんと従い、結果を出してはい上がってきた。

一方の仰木さんは選手の自由を主張する一方で、結果にはものすごく厳しい。何をやってもいいけれど、結果が出なければダメ。とにかく結果重視で、まさにプロの扱いなのです。これは、若い選手にとってはものすごく怖い。

若い選手を中心に、逆にみんなが一生懸命に練習をするようになりました。仰木さんならではの教育法で、新生オリックスの礎ができたのです。

監督は「現場の責任者」チーム全体の責任はオーナーにある

チームの負けが込むと「監督が悪い」「クビだ」とよくファンやメディアが騒ぎ立てます。責任を取って自ら進退伺を出す人もいる。私も1人のファンとして、テレビ観戦をしていて負けたらついついはずみで口から出てしまうこともあります。

でも考えてみたら、それはやっぱり違う。すべての責任が彼らにあるわけではありません。低迷の責任はもちろんオーナーである私にもあるのです。

監督というのは「この人員で戦え」と球団から選手を託されるわけです。その戦力で1シーズンを戦わなければならない。もちろん監督の意見を聞きながらチーム編成をするわけですが、全員入れ替えるわけにはいきません。時には「誰がこんなメンバー構成にしたんだ」と思うこともあるでしょう。陣容が悪ければ、どんな名監督でもどうにもなりません。

大事なのはまずはスカウトです。ここがしっかりしていなければ、いい選手は球団に来ません。新人選手の獲得は、選手の潜在能力を見極める目が必要になりますし、有力選手の残留交渉や補強には、契約年数や年俸の交渉なども大切で、これは球団の資金力なり体力に直結してくる。そこはオーナーや親会社の意向や現場の編成能力に左右される世界です。監督のあずかり知らないところの方が、はるかに多いわけです。

詰まるところ、負ける一番の原因はオーナーがちゃんとしないからということになる。オリックス球団の後援会長をしていただいていたダイキン工業の井上礼之会長は、毎年のシーズン前の激励会で「オーナーがケチやから負けてばっかり」と言うのです。

いらんこと言わんでよろしいと思いながらも、実際はその通りでした。勝ちへの執念よりも、経営としてのバランスを重視してしまった私にこそ、責任があるのです。

プロ野球の監督は現場のリーダーであり、企業組織のトップではありません。経営者を集めた講演で、元監督がリーダー論やマネジメント論の話をしていますが、監督は限られたリソースを駆使してシーズンを戦い、最大限のパフォーマンスを引き出す現場の責任者です。

会社全体のトップである経営者、すなわちオーナーはもっと違う決断を下すべき存在なのだと思っています。結果が出ない場合、責任は現場のトップだけにあるのか。そうではありません。製造業の企業に例えて言うなら、もっと作業効率が上がる機械を導入してくれたら、もっと優秀な人材を投入してくれたら……。経営者による決断で、現場のパフォーマンスが大きく改善するかもしれません。

プロ野球では、支配下登録できる選手に「70人」という上限があります。今は育成選手の枠組みがありますが、育成選手は1軍の公式戦に出場できません。この70人をどう構成するか。そこは球団経営者の腕の見せ所でもあります。

GM制で役割分担 新しいオーナー像も

オリックスは2003年、球界では割と早い段階でGM（ゼネラルマネジャー）制[注2]を導入します。阪神で1軍監督の経験もある中村勝広さんをGMとして迎えました。

監督はチームの目の前の試合の勝敗を意識して戦い、中長期的なチームの運営はGMが担うという役割分担です。中村さんの退任後はしばらくGM制度をなくしていましたが、19年に復活しています。オリックスで監督経験がある福良淳一さんがGMとしてチーム編成をまとめて、中嶋聡監督が現場をまとめてシーズンを戦う。ここ数年のオリックスの起死回生は、この仕組みが奏功しているように感じます。

野球のチームはGM（GMが任命されていない場合は球団本部長や編成責任者）と監督など幹部が協議しながら編成作業を行い、実際のゲーム進行は監督以下コーチが行います。そして、GMの後ろに控えるスカウトやスコアラー、分析専門家、トレーナーが全体をサポートします。これがチームの現場を預かる面々です。

彼らと手を携えて野球事業を運営していく立場として、球団には球団社長以下、「背広組」とも言われるフロントが控えています。球団社長はオーナーから大枠の政策を与えられ、その範囲内で裁量・経営力を発揮する責任者です。

例えば、有力選手を獲得するチャンスがあっても、与えられた予算を考えると断念せざるを得ない場合があります。その選手を他チームに取られると、戦力の差が大きくなるかもしれない。球団社長は選手獲得を諦めた中でできる最善のチームづくりをGMなどと練っていかなくてはなりません。

そうした球団の仕組みについての理解が深まるうちに、球団経営に対する私の見方は徐々に変わっていきました。

オリックスという会社には幅広い事業領域があります。私は経営者として、各事業部門に対して細かく指導はしませんでした。ただ、結果にはこだわります。実際、それぞれの事業がきちんと売り上げを伸ばし、収益を上げている。

その中で、プロ野球事業だけは万年赤字を垂れ流していました。本社としては、広告宣伝という意味で大きな貢献は感じているものの、野球もビジネスとして独り立ちすべきではないか――。そう考えるようになったのです。米国ではプロ野球が立派なビジネスとして成り立っているし、日本でも黒字を誇るチームが存在する。となると、広告宣伝費を赤字と考えて見るべきではないか、と。

球団に対してすぐに黒字を求めるのは無理だとしても、少しでも赤字を減らす努力を求め、野球ビジネスの「あるべき姿」に近づけたい。そう考えて、オーナーからの大枠の方針として、「赤字を減少させるべし」と球団に指示を出し続けました。

それが結果的に戦力の低下につながり、チームは長い間低迷することになりました。その間、私の野球への関心は極めて小さくなっていました。

当時の会社は事業の多角化を進めながら、成長していました。伸びれば伸びるほど、課題も増えるものです。経済不況の大波もありました。これらには全力で対処しなければなりません。

また、１９９１年からは行政改革や規制改革など政府関連の仕事にも携わり、96年から約11年にわたって規制改革組織（規制改革委員会[注3]など）の長を務めるなど、政府関係の複雑な仕事に長く従事し、そちらでもやらなければならないことが山積していました。

野球が本業ではないオーナーです。野球については球団という一部門の裁量に任せ、手一杯だった本業に奔走していたのです。当時の私の関心のほとんどは、本業をさらに伸ばしていくこと、政府の規制改革の実りを上げることなどに占められていました。

考えてみると、日本のプロ野球のオーナーの多くが私と同じような立場で野球に関係しています。野球は本業ではなく一部である、あるいは本業のための一翼であるといったことなのです。

「野球が本業、野球がすべて、これを伸ばすことのみが仕事である」という人がオーナー職を務めることになれば、随分と面白い展開があり得るのでしょう。私がオーナーを務めている間に、万年赤字が当たり前だった球団は自立経営できるように変わってきました。野球ビジネスが次の段階に進むためには、野球ビジネスを中心に考えることで、大きな新しいマーケットが生まれるのだと確信を持った企業や経営者が輩出されることが必要なのだと思います。その日が早く来ることを期待しないではいられません。

補足説明

注1：近鉄バファローズが前身のパールス時代である1950年から本拠地として利用。住宅街にあるため「鳴り物応援禁止」だったことでも知られる。

注2：試合中の采配を担当する監督とは別に、ドラフト戦略や選手のトレード、補強などチームの編成権限を掌握する。

注3：内閣総理大臣の諮問を受けて、構造改革を進める上で必要な規制改革を総合的に話し合う審議会。

第3章

イチロー登場と「がんばろうKOBE」

買収後の4シーズン目を迎え、ようやくオーナーとしての振る舞いも覚えてきた1992年2月。春の陽気を求め、沖縄県糸満市と那覇市で行われていた春季キャンプを視察した時のことです。当時はオーナーがキャンプを視察すると、新人選手を紹介してくれるのが慣例でした。

「彼はいずれ中軸を打つ存在になりますよ」

2軍の練習場を訪れると、担当スカウトがこう声をかけてきました。その視線の先を見ると、線が細く色白で、少年のようないでたちの選手が打撃練習をしています。高校をまだ卒業していない18歳。即戦力ではなく、これからじっくりと育てていく選手です。

普通ならあまり印象に残らない選手かもしれません。ですが、どうも他と違う。未完成な体つきながら、打球音が違うんです。確実に芯を食う、いわゆるシュアなバッティングができている。そんな不思議な存在こそが、背番号51を付けていた鈴木一朗選手。そう、「イチロー」です。

「彼は非常にスイングが速いんです。速球にも対応できて、もうちょっと体を鍛えたら中核バッターになるでしょう」。担当スカウトは熱を込めてプレゼンしてくれました。

担当スカウトにとって、自分が見つけてきた選手とはそういうものなのです。投球練習場を見にいくと、全然ストライクが入らないピッチャーでも、スカウトたちは「制球力をつけたら必ず先発の一翼を担います」と胸を張る。それだったらオリックスはエースだらけになって毎年優勝しているはずですが、そうはならないのがまたプロ野球の面白いところでもあります。

いずれにせよ、縁があってオリックスという組織に入ってきてくれた原石の存在は毎回、私に希望を感じさせてくれます。球団の選手も会社の社員も、です。自社や自軍にとってだけでなく、彼らの人生にとっても、素晴らしい結果につながってほしい。いつもそう願っていました。

担当スカウトの慧眼
ドラフト4位獲得の賭け

イチロー選手は愛工大名電高時代、エースとして春の甲子園に出場を果たすも、あえなく初戦で敗退。当時中部地区を担当していたスカウトが、投手ではなく野手としての力量を見抜いて、91年のドラフト会議で4位指名しました。

他球団もイチロー選手の存在は分かっていたものの、やはり「線が細すぎる」という評価だったとか。そんな未完の高卒選手を、ドラフト4位で指名する。これにはスカウトの慧眼《けいがん》と編成の覚悟が不可欠です。

当時のオリックスはブレーブスからブルーウェーブへとチーム名を変え、本拠地を神戸に移転した1年目。新たな地で心機一転、市民球団としてスタートしたものの、人気という点ではまだまだ突き抜けたものがありませんでした。

もっとドラスティックに選手の入れ替えをすればよかったのかもしれません。ただ、プロ野球について素人の会社が経営し始めたから後手に回ってしまった。

1991年の入団会見。鈴木一朗選手はドラフト4位指名だった（後列左から2人目、写真：共同通信）

ずるずると主力選手の引退が続いたブレーブスを引きずっていたために、変革が遅れてしまったことは否めません。イチロー選手に象徴する「新しい軍団」ができるのに数年かかったわけです。

イチロー選手といえば仰木彬監督をイメージする人も多いでしょう。ただ、イチロー選手の育て方についての評価では、実は土井正三監督が割を食っているのです。土井さんは「イチロー選手を全然1軍に上げず、見る目がなかった」と後によく言われました。ですが、真実はそうではありません。

土井監督も非常に早い段階からイチロー選手のすごさを分かっていました。ただ、いかんせん体が出来上がっていなかった。だからまだ使ってはいけないと思っていたのです。最近で言えば千葉ロッテマリーンズにドラフトの目玉として入団した佐々木朗希投手[注1]を、球団がじっくり時間をかけて育成してきました。それと同じです。半年強も続くプロ野球シーズン。いくら他の高校生よりも身体能力が高いとはいえ、プロ野球選手として1シーズンを乗り切る体力はありません。選手としての身体を仕上げる時間が必要だったのです。

仰木監督へと代わり、イチロー選手が大ブレークしたのは入団3年目の94年。シーズン210安打のプロ野球記録を樹立しました。50年に記録された191本というそれまでの記録を大幅に上回る前人未到の成績を20歳の若きスターが残し、プロ野球界の歴史を変えたのです。その後、記録は塗り替えられていますが、当時はシーズンが130試合で今よりも10試合以上少ない。イチロー選手の偉業が色あせることはありません。

イチロー選手は野球の虫ですね。本当に心から野球が好きなのでしょう。初めてシーズン200安打を達成した日も、試合後にずっと素振りをしていたそうです。

普通だったら飲みに行くなどして盛大にお祝いをしそうなものですが、それでも野球に打ち込む。それが、メジャーでも一流の選手になった礎なのだと思います。

イチロー選手は1994年、日本のプロ野球で初めてとなる200本安打を達成し、最終的にシーズン210安打に到達した

「仰木さんはさすがだ」と思うのが、鈴木一朗から「イチロー」への登録名変更です。佐藤和弘選手[注2]も、あだ名であった「パンチ」に登録名を変えるなど、今までの常識を覆すユニークな発想を持っていた。

監督だけではありません。「ウグイス嬢」という言葉がよく使われていたように、かつては球場のアナウンスを務めるのは女性が一般的でした。本拠地の神戸で、ラジオのＤＪ（ディスクジョッキー）のような陽気な男性が「イチロー・スズキ！」と紹介するのも球界で話題になりました。

チームの編成や事務方など、球団が一つになって新たな取り組みを始めていた。その結果、阪急時代から続いた「スタジアムに閑古鳥が鳴く」という状況が徐々になくなっていったのです。

新生スターの登場に沸いた94年は、西武ライオンズがパ・リーグを制しました。イチロー選手は野手としてプロ野球最年少でのＭＶＰを受賞。オリックスはリーグ2位と健闘しました。新たな布陣で、いよいよ優勝を目指せるところまで来たと確信を持ちました。

私たちのホームタウンである神戸を大きな揺れが襲ったのは、そのすぐ後でした。

市民球団を襲った阪神・淡路大震災

95年1月17日。まだ日が出ていない早朝の5時46分に、淡路島北部を震源とするマグニチュード7・3の巨大地震が発生しました。頻繁に地震が発生する東京と違ってほとんど地震がなく、備えが脆弱な関西地区を、直下型の激しい地震が襲ったのです。

実は私は、前日まで兵庫県にいたのです。神戸市立ポートアイランドスポーツセンターで、全日本フィギュアスケート選手権大会が15日まで開催されていたためです。私は兵庫県スケート連盟の会長をしていたので、地元開催の全国大会には顔を出さなくてはなりません。16日まで神戸に滞在して帰京していました。

未明に神戸を襲った大地震。当時はインターネットがまだ普及していない時代です。当日は東京で、朝から政府の審議会に委員として参加していました。最初は「地震があったらしい」「死者が出たもようだ」くらいの情報しか入ってこなかった。そこから、徐々に被害の大きさが分かっていきます。被害を受けたと判明した場所が刻々と増え、伝えられる死者数も拡大していった。

審議会のメンバーにパソナグループの南部靖之さん（現・パソナグループ代表取締役グループ代表）がいました。同じく神戸出身の彼が「皆さん、今日こんな会議をやっていていいのですか？　神戸が大変なことになっているのですよ」と思いあまって叫んだのを覚えています。

私も、いても立ってもいられなかった。パンや水などの救援物資を会社として準備。大阪本社が無事と分かったので、そこを中心に救援部隊をつくって対応しました。一刻も早く現地の視察に訪れたかったのですが、電車も止まって交通が寸断されていることもあり、トップが混乱のど真ん中に行くとリスクがあると会社から止められました。

神戸を訪れることができたのは発生から1週間あまりたった頃。飛行機で岡山まで飛び、電車で姫路まで移動して、そこから先は車で道なき道を通って何とか神戸にたどり着きました。

生まれ故郷でもある神戸の街が、がれきの山と化している光景に愕然としました。奇跡的に、球団関係者や親族に亡くなった方がいなかったのは不幸中の幸いです。

オーナーとして厳命「神戸から逃げるな」

球団の担当者からはこんな報告を受けました。「日本中の球場を当たって、主催試合ができるように頑張っています」と。

震源地に近いグリーンスタジアム神戸（現・ほっともっとフィールド神戸）を本拠地としていたオリックス。球団の担当者は、神戸では試合ができないという前提に立って動いていたようです。パ・リーグの担当者と、代替球場での試合開催を検討していました。

本拠地の最寄り駅である「総合運動公園」を通る神戸市営地下鉄の路線は、一部運行を再開していたものの、三宮や新神戸といった中核駅まではつながっていませんでした。阪急電車やＪＲ、阪神電車といった地元の足も多くの場所で寸断され、運転再開のめどは立っていない。代替地での試合開催を考えるのは当然でした。


ただ、私はどうしてもそうしたくなかった。

「球場に行きましょう」

オリックスの球団代表である井箟重慶さんにそう伝え、一緒に車に乗ってグリーンスタジアムへ向かいました。到着して驚きました。球場はほとんど被害を受けていなかったのです。

球場を見て私の腹は決まりました。「今年はここ神戸で試合をやり続ける」と。

球団の担当者に伝えました。「申し訳ないけれど、その（代替地で試合を開催する）方針は全部ガラッと変えます」と。そして「極端に言えば、お客さまが来なくても仕方がない。スケジュール通り、神戸でやる」と言いました。

これは「提案」ではありません。オーナーとしての球団に対する「厳命」でした。長いオーナー人生でしたが、このような厳命を出したのはこのとき以外、後にも先にもありません。

「市民球団」を掲げて神戸へと移転してきたのに、災害に見舞われた瞬間によそで試合をするのは、道理に合わない。これからもずっと「逃げた」と思われるだろう。被災地を勇気づけるためにも、たとえ観客ゼロでもやり続けることが大事です——。オーナーとして、球団代表の井箟さんにそう伝えました。


NPBやパ・リーグとしては、「震災で試合をしません」となってしまうのは困る。だから代替地での開催に協力的でした。

入場料が最大の収入源である球団が、経営を考えて代替地開催にかじを切るのも正しい判断でしょう。ただ、全体像を見て、中長期的に経営者として下すべき判断は異なります。それが神戸で試合をし続けることだったのです。

結果的には神戸で開催したことが地元の被災者の皆さんの力になったわけですが、そのときは全くそこまで考えてはいませんでした。「こんな災害があった年に優勝するのは無理だ」という諦めのようなものが私の脳裏にあったのは事実です。

球団職員から出た「がんばろうＫＯＢＥ」

未曽有の被害に遭った神戸の人たちを何とか励ましたい。その思いで球団職員たちが一生懸命に考え抜いた結果生まれたのが「がんばろうＫＯＢＥ」というスローガンです。当初は「頑張れ神戸」という案が有力だったそうですが、当事者なのにどこか他人行儀という声も出た。それでまとまったのが「がんばろうＫＯＢＥ」でした。

仰木監督とは「とにかくこの1年、しんどいですが頑張りましょう」と話していました。そんな心配をよそに、肩口にこのスローガンを縫い込んだユニホームに身を包んだ選手たちは躍動しました。

シーズン序盤こそ5割前後の成績でしたが、仰木マジックの下、チームの成績は徐々に上向いていきました。前年に新星のごとく現れたイチロー選手が2年連続首位打者となる活躍を見せ、前年に外野手に転向した田口壮選手[注3]も好成績を残しました。チームは6月に首位の座を奪うと、一気に2位以下を突き放したのです。

阪急ブレーブスとして最後に優勝したのが84年。そこから11年が経過していました。オリックスが買収してからというもの、Aクラスこそキープしていましたが頂点には立てなかった。そのチームが、本拠地に大災害が起こった年に一丸となって、当初は諦めていた優勝に向かって突き進んでいる。オーナーというより、1人のファンとしてたまらないシーズンでした。

シーズン終盤を迎え、いよいよ優勝が目前に迫ってきましたが、そこからが長かった。なかなか決まらなかったのです。

神戸で優勝を決めてほしいと思いつつ、東京でも仕事が控えている。やっぱりオリックス初優勝の時には私も立ち会いたいし、球団としても「オーナーにいてもらわな仕事がある。東京で毎日、いと困る」という。でも、東京で毎日、仕事がある。ナイターの試合が終わる頃には、飛行機も飛んでいなければ新幹線も東京までは行かない。それでも連日、神戸で観戦しました。「負けて今日も優勝叶わず……」という失意に包まれながら夜行の寝台列車に乗って東京へ帰る日々が続きました。

震災から半年以上が経過し、電車は動くようになったものの、夜遅い時間に三宮駅の近くで開いている食堂は1軒も見当たらない。当時私についてくれていた秘書の馬着民雄さんと2人、薄暗いホームで電車の時間を待ちながら飲んだビールの味が忘れられません。

初優勝を現地で体感したい――。その願いは結局、叶いませんでした。インドネシアへの出張が控えていたのです。現地企業の周年パーティーがあり、私はホストとしてお客さまを呼ぶ立場でした。欠席するわけにはいきません。

インドネシアに到着し、9月19日にパーティー会場で「サンキュー・フォー・カミング」などと来場者にあいさつをしていたら、スッとメモを渡されました。「優勝し

■阪神大震災が起こった1995年のパ・リーグ最終成績。オリックスとして初優勝した

	勝	敗	分	勝率	ゲーム差
オリックス・ブルーウェーブ	82	47	1	0.636	—
千葉ロッテマリーンズ	69	58	3	0.543	12
西武ライオンズ	67	57	6	0.540	12.5
日本ハムファイターズ	59	68	3	0.465	22
福岡ダイエーホークス	54	72	4	0.429	26.5
近鉄バファローズ	49	78	3	0.386	32

(注)チーム名は当時、ゲーム差は首位との比較

ました」と。

その日、オリックスは西武を下し、球団としては11度目、オリックスとしては初のパ・リーグ制覇を成し遂げました。翌日に急いで帰国し、大きなトランクを持ったまま、試合があった埼玉県の所沢に直行しました。興奮しながら選手や球団職員の皆さんに「おめでとう」を伝えに行ったのですが、選手たちがみんな二日酔いでぼーっとしていたのを覚えています。本当は私も一緒に初優勝に酔いしれたかったのですが……。

地元が大きな災害に見舞われた年に、「市民球団」を掲げるチームとして優勝できた。選手には感謝しかありませんでした。「がんばろうＫＯＢＥ」というスローガンは、95年の新語流行語大賞にも選

1995年のパ・リーグ優勝パレード。「がんばろうKOBE」のチームスローガンは、被災地だけでなく選手やスタッフも鼓舞した

ばれるなど復興の象徴にもなりました。

「オーナーとしての優勝は、一ファンとしてのそれとは違って格別なものでしょう」とよく聞かれますが、そうでもありません。私は肩書こそオーナーでしたが、心情的には一ファンの方が強い。負けているときにテレビに向かってブツブツ言っているのは、ファンの皆さんと同じです。

95年の日本シリーズはヤクルトスワローズ（現・東京ヤクルトスワローズ）に1勝4敗で負けてしまいましたが、日本一へのチャンスは翌年訪れました。オリックスは96年にパ・リーグ2連覇を果たし、日本シリーズで長嶋茂雄監督率いる巨人と相まみえたのです。

東京ドームでの第1戦、9回の土壇場に2点差を追いつかれて3対3で迎えた延長10回。イチロー選手が打席に立ちました。ここで見事なソロホームラン。目の前で見て、快哉を叫びましたね。長嶋さんには土井正三監督を招へいしたときにお世話になりましたが、ここは負けられません。東京ドームでの最初の2戦を連勝するという最高のスタートになりました。

10月24日、オリックスの3勝1敗で迎えた第5戦。本拠地であるグリーンスタジアムでの試合を制し、球団は19年ぶり4度目の日本一を決めました。1年前には味わえなかったビールかけ。ようやくその味が分かりました。

買収後にずっとAクラスを続け、リーグ優勝を果たし、翌年には日本一に——。こんなストーリーがあれば、その後も輝かしい未来が続くと誰だって思いますよね。ここから次の優勝まで四半世紀の年月がかかるだなんて、誰も想像しなかったでしょう。

メジャー挑戦、イチロー選手に突きつけられた忘れられない一言

日本一になったシーズンの翌年から、オリックスはじわじわと下降線をたどっていきます。97年は2位、98年と99年は3位になり、2000年には4位と初めてBクラスへ転落しました。

チームの成績が緩やかに落ちていく中でも、イチロー選手は孤軍奮闘してくれました。前人未到の7年連続首位打者を獲得。チームの成績が振るわない中でタイトルを獲得し続け、一頭地を抜いていることを見せつけました。

今にして思えば、この時期、私はオーナーとしてもっとチームに関わっていればよかった。資金を出して変革を起こすなど、やれることはたくさんあったはず。ですが、私の頭の中では「球団経営の黒字化」が優先課題としてありました。

当時のパ・リーグは多くの球団が赤字だったと思います。それが当たり前だったの

ですが、何とか変えたかった。球団には口を酸っぱくして、何度も収支の改善を求め続けた。それが、結果としてチームの弱体化につながってしまった。

私はオーナー時代、選手1人とだけ特別に会うことはしないと決めていました。それはイチロー選手も同じ。球団を通じてイチロー選手の状態などを聞くことはありましたが、あくまで間接的に、です。選手たちとは時々、激励会やパーティー、会食などの場で話すぐらいです。

そうした中で、イチロー選手のメジャー志向がメディアでささやかれるようになってきました。私自身、フリーエージェント[注4]（FA）になれば、それは選手の権利でもあるので仕方がないと思っていました。

球団とイチロー選手はたくさん話をしていたと思います。ただ、私のところまでは話は上がって来ませんでした。00年のある日、当時の球団社長だった岡添裕さんから電話がありました。「イチローがどうしてもメジャーに挑戦したがっている」と。

ただ、オリックスとしての契約はまだ1年残っている状態です。私たちとしては当然、スーパースターを手放したくはありません。契約を盾に、もう1年引き留めるべきかという相談でした。岡添さんに、球団とのコミュニケーションの中でイチロー選手は何と言っているのかを聞いてみました。

「もう日本球界での目標はなくなった」――

この一言はこたえました。もう何も返せません。7年連続で首位打者を獲得し、チームに貢献してくれた功労者です。その人に「目標がなくなった」と言われたら、こちらは返す言葉がない。

苦渋の決断でポスティング移籍を容認

球団に確認すると、MLB（メジャーリーグ）への移籍の場合、契約を持っている場合にもポスティングシステムという制度を使うことができると分かりました。

1年後にはFA権を取得できるので、ほぼ間違いなくそこで出ていってしまう。今

MLBへの挑戦を決めシアトル・マリナーズに入団したイチロー。メジャーの歴史に名を残す大選手となった（写真：共同通信）

いなくなるのと、無理強いして残ってもらい1年たっていなくなるのとどちらがいいのか。総合的に考えてどう決断すべきかの判断を、球団はオーナーに求めてきました。

ここで後味が悪いことになるのはどうしても避けたかった。ここまで来たら、いくらオーナーといえどもどうしようもない。ポスティングを使った移籍を容認することにしました。

イチロー選手の移籍で「たくさん儲けましたね」などと軽口を言われることもありましたが、当時はお金のことなど考えていませんでした。もちろん「タダで」とは思いませんでしたが、「これぐらいお金が入ってくるから」という議論は一切ありませんでした。イチロー選手はオリックスにとって、唯一無二の宝でした。

メジャー移籍後も、イチロー選手はシーズンオフで日本に帰ったときにはオリックスの練習場を使ってトレーニングをしていました。メジャーの最前線で活躍する選手を間近で見られるのは、オリックスの選手である後輩たちにもいい刺激になる。その関係性を維持できた理由の一つには、契約を盾に無理やり渡米を1年遅らせなかったこともあるでしょう。

メジャー移籍後のイチロー選手とは、シーズンオフに食事をする間柄になりました。あるとき「君が『日本での目標がなくなった』と言っていたと聞いて困ったよ」と伝えたら、「僕、そんなこと言いましたかね」なんて言っていたけれど。でも、それが本音だったのでしょうね。

私はスポーツ選手ではありませんが、経営者として、企業を次のステージに持っていく、あるいは拡大させるということが、自分の成長にもつながると感じています。スポーツ選手も経営者も同じ人間です。ましてや、野球選手は若い時分しかできない。選手生活が短い中、次のステージへの挑戦をやめるよう無理強いしてはいけないないなと思いました。

ただ、もう目標がないと思われてしまった日本球界をそのままにはしておけません。多くの日本人選手がメジャーに挑戦しています。イチロー選手だけでなく、最近では大谷翔平選手などの活躍は日本人として誇らしい気持ちになります。

ですが、今でも私は、日本の選手のメジャー流出には反対の立場です。最終章で詳しく述べるためにここでは割愛しますが、プロ野球オーナーたちは、日本のプロ野球が一番になるための努力をもっとすべきです。

イチロー選手のメジャー挑戦は結果的にはよかったかもしれません。ただ、1人のオーナーとして、日本プロ野球の発展を願う立場の人間としては極めて残念でした。そしてスーパースターを失ったオリックスは、その後も長く低迷しました。球団経営もなかなか改善できないまま、球史に残る合併・球界再編に突入していくことになるのです。

補足説明

注1：日本人最速タイの速球を武器に、プロ野球の世界記録となる13者連続奪三振、国内タイ記録の1試合19奪三振の記録を持つ。22年に完全試合を達成。「令和の怪物」とも称される。

注2：1989年ドラフト1位でオリックス入団。トレードマークのパンチパーマが由来で、94年に選手登録名をパンチに変更、同年に引退してタレントに。

注3：91年ドラフト1位でオリックスへ入団し、外野手として活躍。95年・96年の優勝に貢献。米MLBに挑戦し、ワールドシリーズ制覇を2回経験。19年からオリックスの1軍コーチ。

注4：所属チームとの契約を解消して、自由に他チームと契約を結ぶことができる権利。現在は国内球団に移籍できる国内FAと、海外球団とも交渉が可能になる海外FAの2種類がある。

第3章　イチロー登場と「がんばろうKOBE」

証言・詳言 2

「観客がゼロでも神戸でやるんだ」元球団代表が語るオーナーの素顔

元オリックス球団代表

井箟 重慶氏

いのう・しげよし
1935年旧満州生まれ、88歳。上智大学外国語学部卒業後、59年に丸善石油（現・コスモ石油）入社。77年、米国丸善石油（現・米国コスモ石油）に出向し、副社長の88年に退社。89年、オリックスの球団幹部社員の一般公募に応募し、球団常務として入社。90年、球団代表就任。2000年シーズン終了後に辞任。02年から関西国際大学教授を務め、現在は名誉教授。

球団の「独立採算」を追求した宮内氏。親会社依存が当たり前の当時、球団経営の面で支え、現場との橋渡し役となったのが球団代表だった井箟重慶氏だ。経費を極限まで切り詰めた「ケチケチ作戦」に、阪神・淡路大震災後のある英断。側近だからこそ知る宮内オーナーの素顔とは――。（構成：白壁 達久）

長く続いた昭和が終わり、平成へと元号が変わった1989年1月。米国にいた私は日本経済新聞1面に載っていた記事に目を奪われました。

「球団の幹部候補社員募集」

プロ野球に新規参入するオリックス（当時はオリエント・リース）が、球団職員を公募するという記事でした。しかも幹部候補社員を求めているという。こんな記事は見たことがありませんでした。

当時の私は50代半ば。直前まで米国丸善石油（現・米国コスモ石油）で副社長を務めていましたが、86年の丸善石油と大協石油の合併に伴い米国の会社も合併することが決まり、退社したところでした。「最後は自分が好きなことにチャレンジしよう」。

そう考えてニューヨークで知人とコンサルタント会社を立ち上げようとした矢先に出合ったのが、その球団職員の募集です。学生時代に野球をやっていたこともあり、興味を持って米国から履歴書を送りました。

不採用通知を届けるため自ら2カ月行脚

ところが1カ月たっても何の返事もない。当時はインターネットもなければメールもありませんので、国際郵便で送った履歴書がうまく届かなかったのか、それか捨てられてしまったのかと諦めました。2カ月を過ぎた頃にはもう応募したのを忘れるほど。知人と立ち上げた会社に注力しようと思っていた4月に、オリックスの人事から急に電話が入り、「面接に来てほしい」というのです。

慌てて帰国し、面接を受けたらすぐに採用が決まりました。応募が少なかったのかと思いましたが、むしろその逆。1100通超の応募があったそうです。そこから幹部として選ばれたのは私を含めて2人だったとか。待たされはしましたが、念願叶っての採用はうれしかったですね。

ただ、採用が決まったのはいいものの、「1週間後から働いてほしい」と。シーズンが既に始まっているとはいえ、米国に家もあるし、友人との会社もある。さすがにそれは無理だと伝え、球団に常務として参画したのは5月に入ってからです。

なぜ3カ月も放置したのか。当時は聞けなかった真相を宮内さんに聞いたところ、「断るのが大変だったんだ」と明かしてくれました。1100通超の応募には、芸能人や医者、弁護士、上場企業の役員経験者など幅広い人材がいたそうです。

既にオリエント・リースは東証一部に上場する企業でしたが、宮内さんは応募してきてくれた人たちをむげに断るわけにはいかない、履歴書を送り返して不採用を通知するだけでは失礼だと考えたのです。できるだけ会って、応募のお礼を伝えた上で、不採用の非礼を伝えたいと。もちろん全員ではありませんが、わざわざ時間をつくって応募者に会う行脚をしていたそうです。それなら3カ月待たされても仕方ないと納得しました。人のつながりを大切にする宮内さんらしいエピソードの1つです。

入団2年目の90年には球団代表に就任しました。「球団は親会社の広告媒体にとどまっているようではダメ。独立採算で独り立ちし、親会社に頼らないチームをつくる」――。宮内さんが目指すそんなチーム像は、私が目指すものと同じでした。ただ、当時のパ・リーグは本当に人気がなく、厳しい船出となりました。球団経営の経験がない人の色々な意見を取り入れて新たな取り組みを試すも、結果がなかなか出ない。「赤字が出るのは仕方がないとしても、昨年より今年はどれだけ減らせるのか」というプレッシャーは常にありました。何とか赤字を圧縮すべく、無駄な経費を削減しました。その1つが、ナイター試合翌日の、遠征先ホテルの朝食バイキングです。朝食バイキングの時間帯に選手はほとんど起きてこず、利用がほとんどなかった。だからこれは無駄だとなくしたのですが、マスコミは「朝食も出さない球団」とはやし立て、「ケチックス」と揶揄《やゆ》されました。

悔しい日々が続く中、職員は地元神戸市と連携して幼稚園や小学校を回ったり、野球教室を開いたりして、ファンを増やそうと地道に取り組みました。すると、94年にイチローが当時のシーズン最多安打である210安打を放って新風を巻き起こすなど、少しずつ結果が出始めた。そんなときでした。95年1月17日、阪神・淡路大震災が神戸を襲ったのです。

「これは提案ではなくオーナーとしての指令です」

未曽有の被害を受けた兵庫県をフランチャイズとしていたオリックスは、いったい3月末に始まるシーズンをどうやって迎えればいいのか——。大変な状況になってしまった街の様子を見ながら、頭を抱えました。

パ・リーグの他の5チームに迷惑はかけられません。神戸ではない場所の球場を使って95年のシーズンを乗り切ろうと考え、パ・リーグの連盟と日程や場所を協議し始めました。

震災から1週間ほどたったときに神戸を訪れた宮内さんは、その惨状を目の当たりにして絶句していました。ただ、直後に「球場を見たい」と言うのです。神戸の中心地である三宮から地下鉄で20分ほど離れた場所にある球場は、奇跡的にほぼ無傷。これを見た宮内さんはすぐさま「神戸で試合をしなさい」と言い出したのです。

確かに球場は無事でしたが、鉄道や高速道路などのインフラは甚大な被害が出ていて、ファンが球場を訪れるのは難しい。そして何より、地元の被災者の方々は明日の生活すら見えない状況にある。そんなときにプロ野球をやるのは不謹慎ではないかという思いもありました。

しかし、宮内さんの考えは変わりません。「これは提案ではなく、オーナーとしての指令です」と語気を強める。

「たとえお客さまがゼロでも構わない。神戸で試合をするんです。この非常事態に神戸を捨てることは、市民球団としてあり得ない」

採算が取れるようにとずっと言われてきたので、「観客がゼロでも構わない」という言葉は驚きました。ただ、球団代表だった私には、この決断はできない。宮内さんというオーナーだからこそ下せた、勇気ある決断でした。

震災後に迎えたシーズン。球団職員の発案で決まったチームスローガン「がんばろう「KOBE」はチームを一つにしただけではなく、多くの人の脳裏に残る言葉となりました。

最後に、宮内さんの人柄を表すエピソードをもう1つ紹介しましょう。

野球はスポーツですから、悔しい敗戦をすることもあります。誰よりも野球が好きな宮内さんは、球団代表である私に「あの采配は何だ」と電話をかけてくることもありました。ただ、それは私にだけです。他の現場スタッフや監督には決して言わないのです。

そして、電話で色々と小言をおっしゃるわけですが、最後に必ず付け加える一言があります。「これはオーナーとして言っているわけではなく、1人のファンとしての意見です」――と。

オーナーからの厳命となれば、球団や現場は編成や采配で右往左往することになってしまいます。それを気遣うのが宮内さん。要は、愚痴は聞いてほしいけれど、もちろん従わなくていいということです。でもファンとしての悔しさから、どうしても言いたいことがある。

極めて人間らしく、チームと野球を心から愛する1人のファン。それが宮内さんなんです。

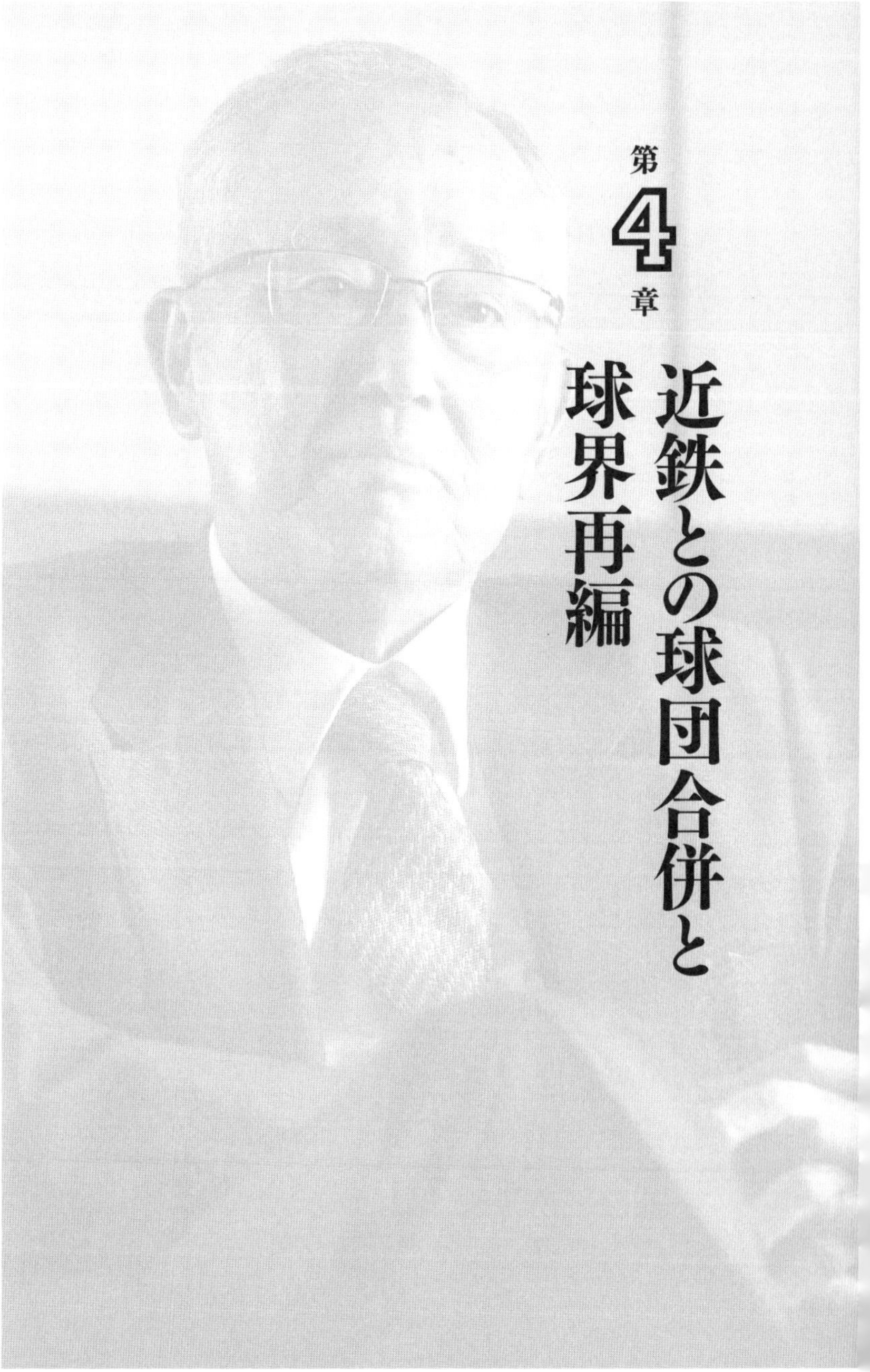

第4章 近鉄との球団合併と球界再編

私のオーナー人生の中で、イチロー渡米の次に生まれた大きな出来事は、近鉄との球団合併と、それに伴う球界再編です。私個人の話でもなく、オリックスという1球団だけの事象でもありません。日本のプロ野球界そのもののあり方を問う出来事でした。

「球界再編は2004年に突如として起こったこと」。そのように思われている方も少なくないでしょう。でも、急に起こったことではありません。

本書ではここまで、特にパ・リーグの球団の経営状況について何度か触れてきました。長い歴史を積み重ね、各球団とも努力を繰り返してきたのですが、結果的に赤字になっているところが多かった。球界がずっと抱えていた問題が、04年に一気に噴出したのです。

球界再編に突入する少し前、私は日本のプロ野球界のあり方について疑問を感じ、密かに行動を起こしていました。その事実を今、打ち明けます。

東京と大阪に1球団ずつ？
幻のMLB参入構想

これから書くことは、今までほとんど、誰にも話していない過去です。

私は、球団の経営を一挙に改善する1つの方法として、MLB（メジャーリーグ）に参加できないかとずっと考えていました。1990年代後半、オリックス・ブルーウェーブとしていろいろな手を打ってファン獲得による収支の改善を目指したものの、1球団の努力ではいつまでたっても黒字になりませんでした。パ・リーグは特に経営環境が厳しく、親会社依存が続いていた。このままでは、独立採算の事業としてはそう簡単に成り立たないなとずっと感じていました。

MLBのように30球団を束ね、一体化した運営をするのがスポーツビジネスの鉄則だと私は信じていました。しかし、日本のプロ野球はなかなかそうした発想にならない。球団をどうしたらいいだろうかと考えていた私は、一計を案じました。

それが、MLBのチームを日本につくるということでした。

球界再編が起こる5年前、1999年のことです。記録にも残っていない、忘れ去られた動きです。

端緒となったのは米国の投資銀行であるモルガン・スタンレー（MS）との交流でした。MSとは、トップマネジメントが来たときにいつも表敬訪問をしてくれる間柄だったのです。ある日MSが、米国の大物弁護士を顧問にしたと言って、かの有名なミッキー・カンターさん[注1]を連れてきました。日本では豪腕交渉者として知られていたカンター氏は、ビル・クリントン大統領時代に通商代表や商務長官を務めた人物です。

カンター氏と話すと、野球が大好きだということが分かりました。オリックスの試合を見にきますかとお誘いしたら、「ぜひ行きたい」と。スタジアムに行った日、ベンチの中まで連れていくと彼は大喜び。その後は一緒に試合を観る関係になり、来日するたびに僕のところに訪問してくれました。

あるとき、ふと彼に「MLBの新チームを日本でつくるわけにはいかないでしょうか」と尋ねてみたんです。私の勝手な構想では、東京と大阪に1球団ずつ新設し、MLBに入る。将来は台湾や韓国にもそれぞれ1チームずつつくり、アジアに4球団ほ

1990年代からのMLB改革をけん引したコミッショナー、バド・セリグ氏（写真：共同通信）

どＭＬＢの新チームをつくったら面白いのではないか――。そんな話をしたら、「それは面白い」と大変乗り気でした。

実現の可能性があるかどうかはともかくＭＬＢ機構と話をしないといけないということで、１９９９年４月に私がニューヨークへ行ったときに、当時のＭＬＢコミッショナーだったバド・セリグさん[注2]に会いました。もちろん、カンターさんも一緒です。

カンターさんがＭＬＢとの間を一生懸命取り持ってくれて、お昼にセリグさんと会い、夜はＭＬＢの他の幹部と会食することになりました。セリグさんはこの提案に驚きつつも、反応はいまひとつ。

幹部は、私のプランを話すと「面白い」と関心を持ってくれました。ただ、選手会が了承するか非常に難しいとも言います。例えば日本で試合をする場合、時差があまりにも大きすぎる。たった1～2チームのために、どのような日程で編成したらいいのか分からないという反応でした。

選手会を説得できるかが鍵でしたが、「全く話にならない」という感触でもなかった。さあ、どうするか。私は1人、作戦を練りました。オリックス単独では、これはかなりしんどいプロジェクトになる。だから、オールジャパンの体制をつくりたいと思ったのです。

では、日本で誰に相談すればいいのか。このアイデアに乗ってくれそうな人や団体はどこか。そこが難しい。当時、最も影響力を持っていた球団は巨人。プロ野球11球団を説得するには巨人の賛成が不可欠でしたが、恐らく巨人は乗ってこないだろうと思っていました。

そこで私は、12球団以外で、財界で力を持つ企業のトップに相談することにしました。まず会いにいったのは、経済界、マスコミ業界で興味を持ってくれそうなトップお三方でした。こんな話に乗りませんかと相談したら、皆さん一様に関心を示してくださる。ただ、「面白いですね」とは言ってくれるけれど、「ぜひやろうじゃないか」とまでは誰もおっしゃらなかった。

実現させるまでの道のりは長く、しかもかなり険しい。この大プロジェクトに挑むには、私も本業そっちのけで対応せざるを得ません。今のような立場であれば以前よりは時間もあるので話は別ですが、当時の私はオリックスのトップとしてグループをけん引する立場にいました。

このプロジェクトに本腰を入れると、自分の仕事ができなくなってしまう。オリックスグループ全体を考えると、そこまでの負担は難しいし、やるべきではない。自分の中でちょっと張り切ってはみたものの、実現不可能と判断し、自然消滅ということで終わりました。歴史には残らなかったエピソードです。

ただ、球界に何か新しい風を吹き込まなければいけないという思いはずっと持っていました。パ・リーグは赤字が常態化していたとみられ、セ・リーグも一部の人気球団に頼っている面が大きかった。

同じ時期にMLBは、私が米国で面会したセリグさんが代行時代からコミッショナー時代にわたって辣腕を振るい、大改革を進めていました。まず東・西・中の3地区制にリーグを再編し、ポストシーズンの出場球団数を増やしてファンの興味が続くようにした。97年にはインターリーグ注3（交流戦）を導入してフレッシュな顔合わせでファンを楽しませるようにし、メキシコや日本など米国・カナダ以外で開幕戦を開催するなど市場拡大に向けた取り組みも欠かさなかった。そして2023年に日本中を歓喜に包んだ「ワールド・ベースボール・クラシック」（WBC）を創設したのも、彼がコミッショナーを務めた時代です。

MLBのリーグ収入は1995年の14億ドル（約2000億円）から、セリグさんが退任した2014年シーズンには90億ドル（約1兆3000億円）と6倍強に増加。足元の22年は約110億ドル（約1兆6000億円）とさらなる成長を遂げています。

ＭＬＢのすべてが素晴らしいとは言いません。ただ、日本のプロ野球界には改革が必要でした。１９９９年の挑戦を私は志半ばで諦めてしまいましたが、自分なりに動こうとした野球改革のタイミングや方向性は間違いではなかったと、今でも思っています。

それでも、当時のプロ野球界には改革の息吹や新しい挑戦への企てはありませんでした。議論どころか、雰囲気も芽生えていなかったように思います。そこで私は、巨人のオーナー、渡邉恒雄さん[注4]と個別に時々お会いし、プロ野球の変革について話していました。

「パ・リーグは苦労が足りない」――。そこで渡邉さんに言われた言葉です。

当時の巨人が隆々としていたのは、とにかく日本に初めてプロ野球の球団をつくって、赤字の中をずっと苦労して広げていった結果、やっとこうなったんだと。それに比べると、パ・リーグは苦労が足りないのではないか。渡邉さんはこのようにおっしゃいました。

「自分たちは巨人軍をこのような人気のある球団へ育て上げるまで、これだけ努力したのだから、皆さんも一人ひとりが自分の球団をよくするために苦労しなさい」ということだと思います。もちろん巨人が努力してきたことは間違いありませんし、そこに異論はありません。

オリックスの前身である阪急の球団創設は1936年。巨人とわずか2年しか変わりません。年月だけ見れば、長いプロ野球の歴史においてはほとんど同じです。パ・リーグの球団オーナーや親会社も、それなりに苦労を重ねてきています。けれど、自分の球団の努力だけではどうにもならないところがある。だから1つの球団ではなく、球界として新たな改革が必要だと思っていました。

つまり、チームそれぞれの努力と犠牲で、何とかプロ野球をここまで持ってきた人たちの功績は大きい。しかし、リーグ制対戦型スポーツとしての次のステップを模索する時期に来ていたということなのでしょう。

球界の盟主である巨人の考え方に、当時のセ・リーグの他球団はあまり異論を挟みませんでした。みんなで変えていこうというアイデアは出てこない。何か1つ出たとしても、誰かが損をするならばそれには反対意見が出る。

その代表例がセ・パ交流戦です。巨人戦の放映権料が球団の収益源になっていたため、セ・リーグの球団は巨人戦が減ることには大反対です。今では毎年の風物詩にもなっている交流戦も、2000年ごろは合意できそうな気配はありませんでした。

その結果、ほぼ何も手を付けないままだった日本のプロ野球に襲いかかったのが、04年に起こった球界再編の波だったのです。

近鉄がプロ野球から撤退の意思「大阪が空く」で合併を進言

「宮内さん、近鉄がプロ野球をやめて球団を解散させるみたいです」

オリックスの球団幹部から、初めてこのうわさ話を耳にしたのは04年春のことです。オリックスも経営的には不本意な状況でしたから、近鉄の考えも分かります。近鉄は当時、球団だけで40億円近い赤字を出していたそうです。

その少し前、近鉄は1月末に「球団のネーミングライツ（命名権）を年間35億円で売却する」と発表していました。しかし、当時のコミッショナーやオーナーの反対を受け、発表から5日後に撤回します。オーナー会議の議決では4分の3以上の賛成が必要になる重い議題です。世間の反発の大きさから、引っ込めるしかなかったのでしょう。

実は、命名権の売却はオリックスが先行してやっています。近鉄と違い、2軍チームの命名権ですが。

オリックスは00年に2軍チームの命名権を穴吹工務店に売却し、「サーパス神戸」となりました（06年から08年まではサーパス）。今では本拠地球場の命名権を売るのも当たり前の時代ですが、当時はまだ日本には浸透していませんでした。それでも実行したのは、少しでも球団経営にプラスだと考えたからです。

近鉄は球団の将来性に見切りをつけたのかもしれません。私はこの嘘とも本当とも取れるうわさ話を聞きつけた瞬間に、あることが頭に浮かびました。「大阪が空く」

ということです。

1988年に南海ホークスが大阪を去った後、大阪のフランチャイズ（保護地域権）を持つのは近鉄のみでした。オリックスは兵庫県で、熱烈なファンが多い阪神タイガースと共存していた。「大阪が空くなら欲しい」という思いは強くありました。近鉄の代わりに大阪をフランチャイズにすることができれば、オリックス球団にとって大きなプラスになると考えました。

近鉄とオリックスの球団合併。それをオリックス側から提案しました。近鉄は、当初から「身売り」ということは全く考えていないと説明していました。ただ球団経営をやめるという。近鉄ほど大きな存在感がある会社だからこそ、「売る」ということに躊躇《ちゅうちょ》されたのかもしれません。恐らく、球団経営から静かに手を引くことを模索されたのでしょう。とにかくやめるとおっしゃるので、「それだったら合併という形にしましょう」と持ち込んだのです。

近鉄社長の山口昌紀さんは我々の案について「考えさせてもらう」と言い、その場では賛否を示しませんでした。そのとき、「やめるというのは格好が悪く見えてしまう。合併という形にすれば、名誉ある撤退になる」と山口さんに伝えた記憶があります。そして話し合いを重ねる中で、「その（合併の）線で行きましょう」と了承してくださった。

なぜオリックスは合併を選んだのか。それは、私たちも相当苦しんでいたからです。神戸市内とはいえ、三宮から電車で約20分かかる山手にあるグリーンスタジアム神戸（当時）を本拠地として戦っていたオリックスもまた、限界を感じていました。

なるべくファンが増えるようにと、球団はいろいろな策を考えて実行してきてくれました。時には奇抜すぎて笑われるようなことも、球団職員は一生懸命に考え、そして選手やOBたちも協力してくれました。それでも、パ・リーグ6球団だけで戦う当時の枠組みの中では、どうしても限界があった。

好きで合併したのかと言われたら、本当はそうせずに頑張れるなら単独でやり抜きたかったというのが本音です。ただ、それができないから生き残るために選んだ道です。

もちろん、ファンの皆さんからしたら「近鉄を残してほしかった」というお気持ちはあるでしょう。それは痛いほど分かります。私は1人のオーナーである以上に、1人のファンですから。残してほしい、残すべき——。そうした声が上がるのは想定していました。

近鉄バファローズは本拠地を、藤井寺球場から97年に完成した大阪ドーム（現・京セラドーム大阪）に移していました。3万6000人を超える観客を動員でき、かつ関西広域からファンがアクセスしやすい好立地にある。近鉄がオリックスと合併すれば、神戸だけでなく関西圏からファンを集客することもできるようになる。

もし近鉄バファローズが身売りとなると、近鉄の代わりに別の企業が来て大阪という大きな市場を取ってしまう。正直に申し上げると、そういった危機感もありました。

合併は経営判断
神戸を離れたことは最大の後悔の1つ

交渉は阪急から買収した時と同じく、極秘での会談です。近鉄側は山口社長と、小林哲也・大阪近鉄バファローズ球団社長（当時、現・近鉄グループホールディングス代表取締役会長）。オリックスからは当時の球団社長の小泉さんと私。トップ4人で、誰にも分からないように極秘で何度か会いました。

大阪で会うと目立つ上、誰に見られているかも分からない。そこで、近鉄のお二人が上京されるタイミングに合わせて東京でお会いした回数が多かったと記憶しています。話を聞くと、やはり近鉄が球団経営をやめるという意志は固い。私たちも球団合併で腹を決めて話を進めていきました。

近鉄からの条件は1つ。バファローズという名称を残すことでした。正直、ここは大変悩みました。阪急からブレーブスを買収した時にも掲げられた条件です。ただ今回は、私たちにもオリジナルの球団名である「ブルーウェーブ」があった。神戸の皆

2004年6月13日、オリックスとの合併について記者会見する山口昌紀・近鉄社長(右)と小林哲也・近鉄球団社長(肩書は当時、写真：共同通信)

さんを中心にファンから公募し、自分たちで決めた名称です。当然愛着やこだわりがある。どうしても残したい思いがありましたが、近鉄が掲げるたった1つの条件でしたし、私たちにはオリックスという名前が残る。それでバファローズにすることを決めました。

近鉄がオリックスとの球団合併を発表したのは6月。わずか数カ月での決定でした。

「オリックスは神戸を捨てた」と非難されることもありました。今もそう思っておられる方もいるでしょう。

私にとってオーナー人生の最大の後悔の1つです。市民球団として共に歩み、震災という未曽有の災害を共に乗り越えてきた愛すべき神戸。本当は神戸と大阪の2つをフランチャイズとしたかった。神戸を離れることは本意ではなかった。

ところが、野球協約上、それは難しいことでした。確かに1つの球団だけ特別に2つの地域を与えてもらうのは公平ではないので、仕方ありません。そんな中でも、急展開での合併だったことを勘案し、数年間は神戸と大阪の2つをフランチャイズとして認めてもらえたのはありがたかったです。

プロ野球の球団合併はそれまでに5度あったものの、近年はなかった。1957年のシーズン終了後に大映ユニオンズと毎日オリオンズが合併し、毎日大映オリオンズ（大毎、現・千葉ロッテマリーンズ）となったのが最後です。47年とおよそ半世紀ぶりの合併が日本経済新聞のスクープで明るみに出ると、大きな波紋を呼びました。

「球団を存続すべきだ」「ファンへの裏切りだ」「なぜ身売りではないのか」——

球団経営サイドやオーナーはひたすら悪者扱いです。ファンの感情は受け止めなけ

ファンの多くはオリックスと近鉄の球団合併に反対していた（写真：共同通信）

ればなりません。ただ、これは経営判断です。業種は異なりますが、航空会社や製鉄会社などの合併と同様のことなのです。

ファンの方々、球団をよりどころにして生活をしていた人、そして地域の住民は、「寂しい」「存続してほしい」と思う。その気持ちはよく分かります。ですが、どう頑張っても採算が取れない事業を存続させる経営者はほとんどいないでしょう。もちろん、撤退を決める際には相当な覚悟が必要です。新しく物事を始めるよりもずっと重い決断になります。

広告宣伝費という名目で毎年赤字を出

す。大手企業の多いパ・リーグの球団なら、耐えられない額ではないのかもしれません。ただ、親会社に対するステークホルダー（利害関係者）の見方も、徐々に厳しいものになってきました。投資家からは「数十億円の赤字を本業や新規事業などに振り向けるべきだ」といった声も当然出てくるでしょう。

球団の黒字化は、別に親会社に対して利益貢献をしてほしいという意味ではありません。スポーツとはいえ、事業を運営するからには自主独立できなければいけない。そうでなければそのスポーツ市場自体の成長は見込めませんし、何より永続性がない。逆に球団側から見れば、球団が黒字化して自主独立した立場であれば、親会社の業績に左右されることもなくなるのです。

ただし、合併によって存続した球団「オリックス・バファローズ」は、結果的に私の目論見通りとはなりませんでした。ファンをかなり減らしてしまい、離れていったファンを呼び戻すのに10年以上の歳月を要することになったのです。

巨人・渡邉オーナーとの話し合い

日本経済新聞のコラム「私の履歴書」で巨人のオーナーだった渡邉恒雄さんも書かれていたので打ち明けますが、この時期、私は渡邉さんのところに何度か通っていました。もちろん、マスコミに察知されないよう細心の注意を払いながら。

近鉄とオリックスの合併だけではなく、その後の球界について、構想を話していました。巨人の渡邉さんが賛成してくれなければ、セ・リーグはみんな首を縦に振らないでしょう。球界の大御所に直接お話しすることが必要だったのです。当時は松井秀喜選手[注5]がMLBに移籍したことなどもあり、巨人も圧倒的だった人気に少し陰りが出ていました。恐らく、渡邉さんもどこかでそれを感じておられたのでしょう。

球団経営が難しくなっていたのは、個別球団の問題だけではありません。それよりも、球界全体がそのときの市場に比べて肥大化し、釣り合わなくなっていたことが大きな要因ではないか。そのため、規模を含めて見直しが必要だと考えた。2リーグ12

球団での限界を少なからず感じていたのです。

そこで出たのが、10球団に球団数を減らし、1リーグ制にする案です。オリックスと近鉄が合併して1チーム減ると、パ・リーグが5球団になってしまう。私と渡邉さんは、もう1球団減るとみていた。それが福岡ダイエーホークス（当時）です。親会社のダイエーは経営につまずき、青息吐息でした。それこそ、赤字球団を保有し続けるのは無理な状態です。

04年7月7日に開かれたオーナー会議で、西武ライオンズの堤義明さんが「もう1組の合併の話が進行中である」と報告したことでマスコミも大きく報じました。私の中では、ダイエーをロッテが買収、あるいは合併すると踏んでいました。後から聞いた話では、ダイエーとロッテが合併し、ロッテが福岡へ行くという構想が実際にあったようです。実現には至りませんでしたが。

パ・リーグが4球団になると、さすがにリーグとしては成立しません。そこで10球団で覇を競う1リーグ制に移行する方向で準備を進めていました。巨人戦が減ると放映権料が少なくなるので、セ・リーグの各球団は反対する可能性が高い。ただ渡邉さ

2004年7月7日に開かれたオーナー会議終了後の記者会見。左から近鉄・田代和オーナー、巨人・渡邉恒雄オーナー、根來泰周コミッショナーと私（肩書はすべて当時、写真：共同通信）

んも私と同じお考えだったこともあり、オリックスと近鉄の合併は7月のオーナー会議において大筋で認められました（正式な了承は9月）。

忍耐の限界を迎えつつあったパ・リーグの各球団にとっては、1リーグ制への移行は1つの方向であったでしょう。一気に球界再編へ動きかけたときに、2つの想定外が起こります。

1つはホリエモンこと、堀江貴文さんの登場です。合併するのなら近鉄バファローズを買収すると名乗りを上げてきたのです。球団合併がもう決まっている中で、世論は自信に満ちた血気盛んな若者を支持しました。

ただ、どれだけ世間が騒ごうとも、全く筋を曲げなかったのが近鉄の山口さんです。撤退するなとか、売るべきだなど、非難の声を相当浴びたでしょう。それでも、最後まで私との約束を守っていただけた。素晴らしい経営者だと思います。

山口さんとは何度か食事も一緒にしましたが、そこで感じたのは「この方は絶対、信頼できる」ということです。古武士みたいな人で、契約書がなくても、自分が「やる」と言ったことは必ず実行するタイプの方でした。

撤退や縮小に対する厳しい声が出るのは当然ですが、先ほども書いたようにこれは経営判断です。私たち経営者としても、できるなら球団の数を減らしたくはない。ただ市場規模に対して供給が過多であるならば、減らすというのは当然の判断です。

何もやってこなかったわけではありません。それぞれの球団や親会社は、赤字でもずっと我慢してプロ野球経営を続けてきたのですから。結局、近鉄バファローズとオリックス・ブルーウェーブは、オリックスを存続会社にして合併する形にしました。近鉄からは役員も出してもらい、幹部も残っていただきました。

もう1つの想定外は「ダイエーの粘り」

1リーグ10球団構想に向かって動いていた我々が驚いたもう1つの想定外は、ダイエーの粘りです。多額の有利子負債を抱え、明日にも潰れるかもしれないと言われながらも、最後の社長が一生懸命経営を続けられた。

球界再編が起こった04年、銀行団はダイエーに対して、産業再生機構を活用した再建を求めました。ところがダイエーは自主再建にこだわり続けた。ダイエーは10月に根負けして産業再生機構への支援を要請するものの、そのタイミングでソフトバンクの孫正義さんが球団買収に名乗りを上げた。

これによって「もう1つの球団合併」はなくなり、パ・リーグは5球団に。4球団になって1リーグ10球団にするという構想は水泡に帰することとなりました。そして楽天の新規参入による「2リーグ12球団の維持」へと方向性が変わりました。

選手会はストライキを実施。中央でマイクを握るのは日本プロ野球選手会の古田敦也会長(当時、写真:共同通信)

当時、合併に反対した選手会はストライキ[注6]を起こしました。私にとって、これは本当に残念な出来事でした。

私たち経営者は、球団の赤字がずっと続いていても耐えてきました。ファンを増やそうとあらゆる手を尽くしましたが、それでも増えない。結果、苦しい状況が続いたわけです。

これを言うと批判されるかもしれませんが、ファンが増えない理由や責任は、私たち経営者だけにあるのでしょうか。近鉄は「球団経営をやめる」という判断に至るくらいファンを呼べていなかった。その責任は、我々経営サイドと現場それそれにある。球団を減らす決断を下したのは、市場規模にマッチしていないと考えたからです。

言葉は強くなりますが、球団経営を諦める会社が出てきた。それに対する危機感は、赤字の過半が年俸であったことも踏まえ、選手自身も感じなければいけません。

この責任は経営者と現場双方にあった。選手会も協力してこの難局を乗り越えてほしかった——。私は今でもこう思っています。

ちなみに当時のオーナー会議で、球界の窮状や今後に向けた改革の話などが議論されることはほとんどありませんでした。あのような事態に至っても、臨時のオーナー会議を開くことすらしない。交渉ごとはみんな地下に潜って進めていました。

それで一番つらい思いをしたのは、ロッテの球団代表時代に日本野球機構の選手関係委員会委員長を務めた瀬戸山隆三さんかもしれません。選手やファンからの批判の矢面に立たされてしまった。プロ野球の球団が独り立ちできずに未成熟だった時代、オーナーやオーナー会議の役割もまた未成熟だったということかもしれません。

聞くところによると、ＭＬＢのオーナー会議は実質的な議論を戦わせた上で、新しいものを創り出しているとのこと。日本の場合はその対極にあるのかもしれませんが、下部組織では取り組めない大きなテーマには、最高意思決定機関でもあるオーナー会議による本質的な関与が求められるのではないかと思います。

補足説明

注1：ビル・クリントン大統領時代の1993〜97年に米国の通商代表部代表を務め、96〜97年は商務長官も兼務。自動車をめぐる日米貿易摩擦を担当。「タフネゴシエイター」として知られる。

注2：MLB第9代コミッショナー。在任期間は1998〜2015年。3地区制のリーグ再編やインターリーグの導入、WBC創設などの取り組みを始めてMLBの収益を大幅に引き上げた。

注3：MLBのアメリカン・リーグとナショナル・リーグのチームによる交流戦。2023年はシーズン162試合のうちインターリーグの試合は46と前年の20から倍以上に増加。

注4：読売新聞グループ本社代表取締役主筆。読売新聞社で政治部記者として活躍し、1991年に社長、2004年会長。1996年から2004年まで巨人のオーナーを務める。

注5：1990年代の巨人を支えたスラッガーで愛称は「ゴジラ」。2002年シーズンオフにMLB挑戦。日米通算20年で507本塁打。

注6：労働組合である日本プロ野球選手会がスト権を確立し、NPB・球団側との団体交渉が決裂。実施予定だった1軍・2軍の公式試合が2日間にわたってすべて中止された。

第5章
長期低迷を招いた
オーナーの後悔

34年のオーナー生活。もちろんすべてが順風満帆だったわけではありません。むしろ、ご存じの通りチームとしては長く苦しい時期が続きました。オーナーとしての反省もしっかりと振り返っておきたいと思います。

球団買収直後の1989年から90年代にかけてのオリックスは、2度のリーグ制覇を含め、Aクラス（3位以内）が当たり前でした。ただ、2000年に4位となり、01年も4位に。8年にわたり指揮を執ってくれた仰木監督が退任して迎えた02年には最下位に転落。しかも、04年まで3年続けて最下位でした。その04年を終えてオリックスは近鉄と合併しました。

新生オリックス・バファローズとして迎えた05年も、4位に沈みました。その後、08年と14年こそ2位になりましたが、あとはずっとBクラス（4位以下）。この間、多くの監督や指導者を招き、また即戦力として他球団の選手を補強してみました。それでも、結果に結び付かない。そんな苦しい時期が続きました。

毎年、シーズン前の激励会では「今年こそ優勝を」と発破をかけるのですが、その

シーズン前の激励会、毎年選手たちに発破をかけるも低迷は長期化した

言葉もむなしくなるほどの低迷です。本書で折に触れて書いてきましたが、この長期低迷の原因の1つは、オーナーであった私の考え方にあると思っています。

私の後悔。まず、私自身が球団に対して割くエネルギーや時間が圧倒的に足りなかったという点です。50代でオーナーになったときは、それこそオリックスという会社をどのように大きく成長させていくかでテーマや課題が山積みでした。プロ野球参入の理由も「知名度を一気に高められるから」でした。そしてこの目的を見事に果たしたのです。

それを果たした後はどうしても、本業に加え、政府関係や財界の仕事で頭がいっぱいになってしまった。プロ野球のことについては、一ファンとしてはともかく、経営者としては時折頭の中をよぎる程度の関心しか払えませんでした。

大変失礼な話ですよね。12人しかいないプロ野球のオーナーがこれではいけなかったのです。やはり、チームの成長や球界の発展に向けて、オーナーがしっかりと意志を持って動かなければいけなかった。

今はオリックスのシニア・チェアマンとして、会社の経営を後進に委ねて、一線からは外れています。だから野球のこれからについてもたくさん考える時間がある。この余裕が昔にあれば、オリックスというチームについてもっと理解を深め、何か別の手を打てたかもしれない。そうしたらこんなに長い低迷はなかったかもしれない――。

そこに関しては素直に、ファンの皆さんに申し訳ない気持ちです。

そしてもう1つの後悔は、球団経営の採算性を強く求めすぎた点にあります。

フィールドで実際に戦うのは選手。指導するのはコーチで、指揮を執るのは監督です。一方で、チーム運営のすべての責任は経営サイドにあり、そのトップはオーナーであった私です。球団社長に対して、独立採算の経営方針を伝えたのも私です。

なぜ、そこまで独立採算にこだわったのか。知名度を上げるという初期の目的を早々に達成した後は、広告宣伝費と称してお金が出ていくことを当たり前に捉えている赤字経営体質が引っかかるようになってきました。「スポーツはいえビジネスである以上、赤字は我慢できない。スポーツはビジネスとして成り立つはずだ。現に欧米ではそうなっているではないか。このままではいけない」。そう考えたのです。

オリックスグループの経営者として、他にもたくさんの事業やグループ会社を抱えています。その中で、野球だけ神聖化して赤字を許すということに対して、耐え難い部分がありました。

それぞれの事業部門のトップは、収益を伸ばし、経営の効率化を図って利益の最大化への努力をしている。プロ野球は他の事業とはビジネスモデルや収益構造が明らかに異なる存在ですが、ビジネスの基本は同じです。たとえ赤字体質は許すとしても、年々少しずつでもいい方向性を見せてもらいたいと考えていました。

誤解していただきたくないのは、プロ野球での「大きな利益」を求めているわけではないということです。「赤字でグループ経営の足を引っ張るな」というのも違います。もちろん、黒字で利益に貢献してくれるのに越したことはありませんが……。私が求めていたのは「自立への歩み」です。この点については、歴代の球団社長に対してずっと口を酸っぱくして伝えてきました。

球団社長からすると、この指示は大変だったでしょう。特にパ・リーグとセ・リーグで人気に大きな差があった時期はつらかったと思います。お客さまがいきなり2倍に増えることはないですし、費用を半分に減らすような効率化も難しいですからね。

私はグループの各事業のトップに対して、やり方を細かく管理するような「マイクロマネジメント」[注1]はしません。目標を与えて、あとは自由に任せるスタイルです。進捗をレビューして、もし何か問題点があれば、一緒に協議して変えていく。日々の細かい数字にはタッチしないけれど、大きなところでの計数管理は徹底してやる。こうした経営手法で、オリックスは大きく育ってきました。

各セクションの責任者は、自分の会社のつもりでとことん事業の成長に打ち込み、成果を私に報告し、一緒に次の手を考える。例えば10の事業分野があったとすれば、そのうち8つくらいのセクションは、任せておいても問題ないレベル。残り2つのうち、1つは思いの外うまくいっている事業で、残りの1つは一生懸命手を入れないとどうにもならない火事場になっている。私の関心はこの2つにある。

恐らく、この2つに私のエネルギーの過半をつぎ込んでいたと思います。8つの事業に関しては、各部門の責任者に任せて時折背中を押してあげるくらいで十分。だから、そこまでエネルギーは消費しません。思いの外うまくいって伸びているところは、さらにドライブをかける策を考える。そして、問題は火事場の事業をどうするか。ここは本当にパワーが必要です。

球団に独立採算を強く求めたのは、グループ全体で新しい事業が次々に生まれて成長し、前向きな経営に専念していた時期でした。その中で問題化している事業体に費やすエネルギーは大きなものです。球団を他の事業体と同一に見ていたわけではありませんが、問題事業体の隣でいつまでも赤字体質が変わりません。とても目につき、気掛かりな、特別な事業体でした。

そのため球団に対しては、昨年よりも今年、今年よりも来年、とにかく「赤字を減らすように」と伝えていました。今思えば、この指令が少しきつかった。20億円や30億円の赤字あるいは広告宣伝費は、オリックスグループ全体からすれば大した額ではありません。私が気にしたのは、売り上げに対する赤字額の大きさです。数百億円の売り上げがある事業ならばまだ理解できるのですが、球団の売り上げは1990年代半ば以降、40億〜60億円程度で推移していました。

収入に比べて、支出が大きすぎる。私が貧乏性なのかもしれませんが、そこが気になって仕方がない。「何とか売り上げを増やすか支出額を減らせないか」という指令を、ずっと出していました。

独立採算なくして球界の成長なし

もともとファンが一気に増えるようなことはなかなかありませんし、チームの成績も下降気味で盛り上がらないからグッズもあまり売れない。トップライン（売り上げ）はなかなか引き上げられません。

そんな状況でオーナーは赤字幅の縮小を厳命してくる。球団幹部や職員はどうしても、売り上げを伸ばすよりも支出の圧縮に意識が向きがちになります。選手の年俸や球団が使う経費をいかに少なくするか。オーナーである私の指示によって、球団は支出を抑える「ケチケチ作戦」を徹底したのです。

すると、ついつい「その場しのぎ」の経営になっていく。中長期的な選手の育成ではなく、今季だけの採算を優先して考える。

残念ながら、日本のドラフト制度はＭＬＢのドラフト制度などと比べれば、戦力均衡を促す仕組みとしては十分ではありませんでした。戦力を高めて勝負をかける、時には雌伏の期間として耐えるという「両にらみ」の戦略を、ドラフト制度だけを通じて実現することは難しい。

球団は毎年のオフシーズンにとにかく来季を考え、即戦力でしのごうという短期戦略に走りがちになる。このような戦略は、なかなか事前の想定通りにはうまくいきません。即戦力として獲得したはずの選手が、ケガなどによって入団早々から戦力となれないことがよくあるのです。何とかして結果を残そうと球団は涙ぐましい努力を重ねてくれました。ただ結果がすべての勝負の世界。この戦略を続けていては、いい選手や将来有望な若手をなかなか集められません。

「ケチックス」。優勝よりも採算性を意識してしまうような球団経営に対し、メディアからこう皮肉られました。それでも私は、「いくらお金を使ってもいいから強くなれ」と言ったことは一度もありません。球団の事務方である背広組は常にチームと親会社の間に板挟みになりつつ、両者をうまくつないでいく役目があります。私がオーナーを務める間に数多くの人に球団社長や球団代表などフロントをお願いしてきましたが、多くの方にとっては慣れない仕事でしたし、苦労が多かったのだろうと思い、

球団の独立採算にこだわった理由

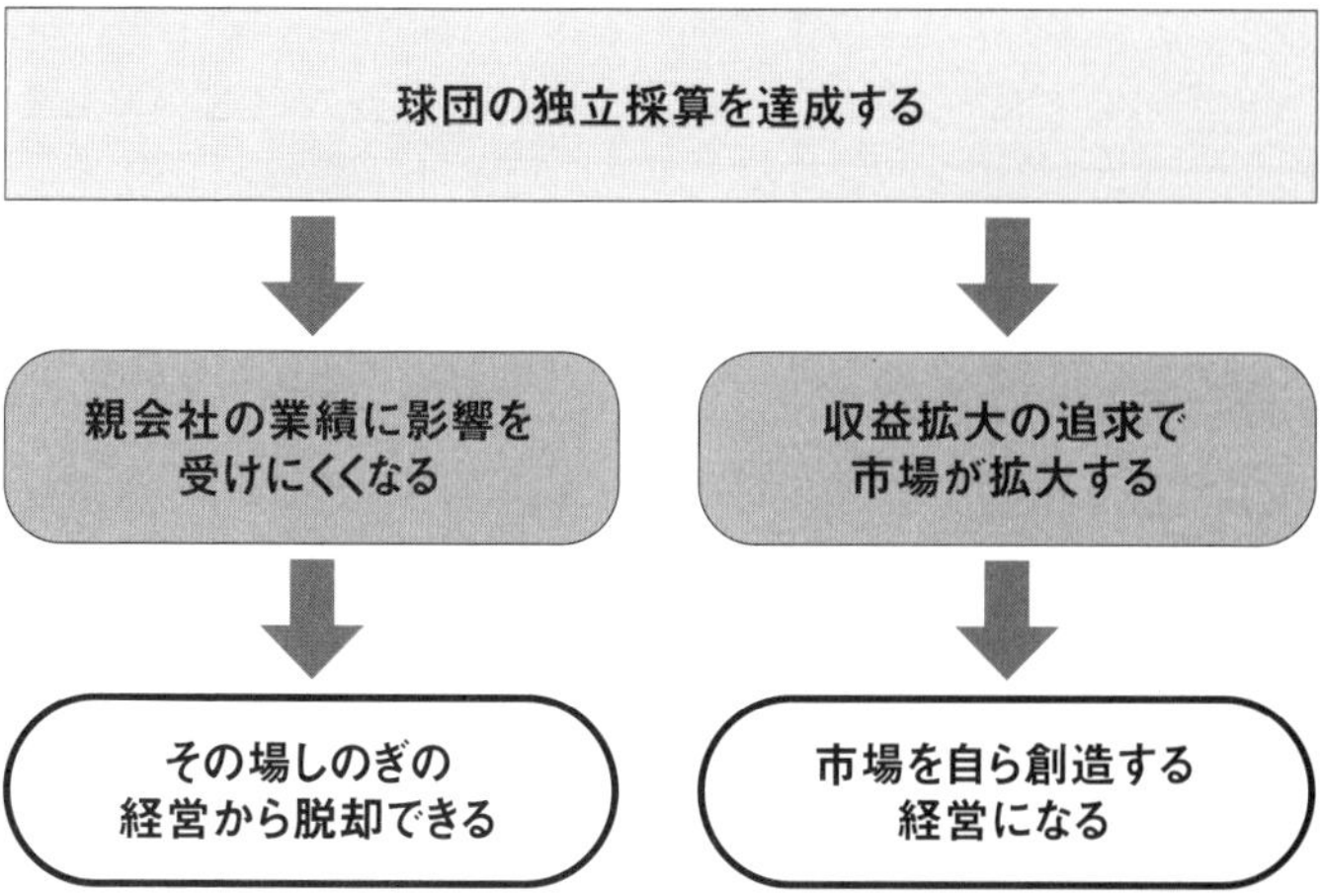
球団の独立採算を達成する
親会社の業績に影響を受けにくくなる
収益拡大の追求で市場が拡大する
その場しのぎの経営から脱却できる
市場を自ら創造する経営になる

今は感謝するばかりです。

30億円の赤字をどうこう言うのではなく、むしろ50億円くらい負担すればもっと強いチームができて常勝軍団を形成できたかもしれない。ファンの皆さんや監督、選手、球団関係者には申し訳なく思います。

ただ、その考え方自体が間違っていたとは思っていません。今でも、球団は独立採算が取れて黒字である方がいいと考えています。親会社の業績に左右されないという点もありますが、やはり興業という事業ですから。

ビジネスは収益拡大を追求するからこそ、市場も大きく育っていくわけです。私が独自採算にこだわった理由の2つ目がここにあります。

これはオリックスという1つの球団だけの話ではありません。プロ野球全体が活性化し、大きなビジネスとして成長していくために必要なステップです。

いつまでも広告宣伝費と称する赤字で親会社に頼っているようでは、スポーツビジネスとしてのマーケットの拡大は見込めません。広告宣伝媒体として生きるのではなく、スポーツビジネスとして確立する方向へとかじを切るべきだとの思いは年々強くなっていきました。

オリックスは2023年のペナントレースも制し、パ・リーグで3連覇を成し遂げました。長く低迷し、暗い時代が続いたオリックスが、安定的に強いチームへと進化できたのです。その要因の1つに、球団の努力が徐々に実って、ついに単独で黒字化を果たしたことがあると思います。

かつてのオリックス球団のように赤字が続くと、帳尻合わせのように近視眼的な方向性に経営を振ってしまいがちです。黒字化を果たせば中長期的な視点を持ち、自信を持って若手の育成に注力できる。

その方向性が定まったからこそ、オリックスは最下位からトップへと昇華できたんだと確信しています。私のいささかの後悔と反省はこれくらいにして、次章では球団がどのような改革をしてきたのかについて、触れていきましょう。

補足説明

注1：上司が部下の業務や行動に対して逐一チェックし、細かく指示を出すなど細部にわたって具体的に管理するマネジメント手法。

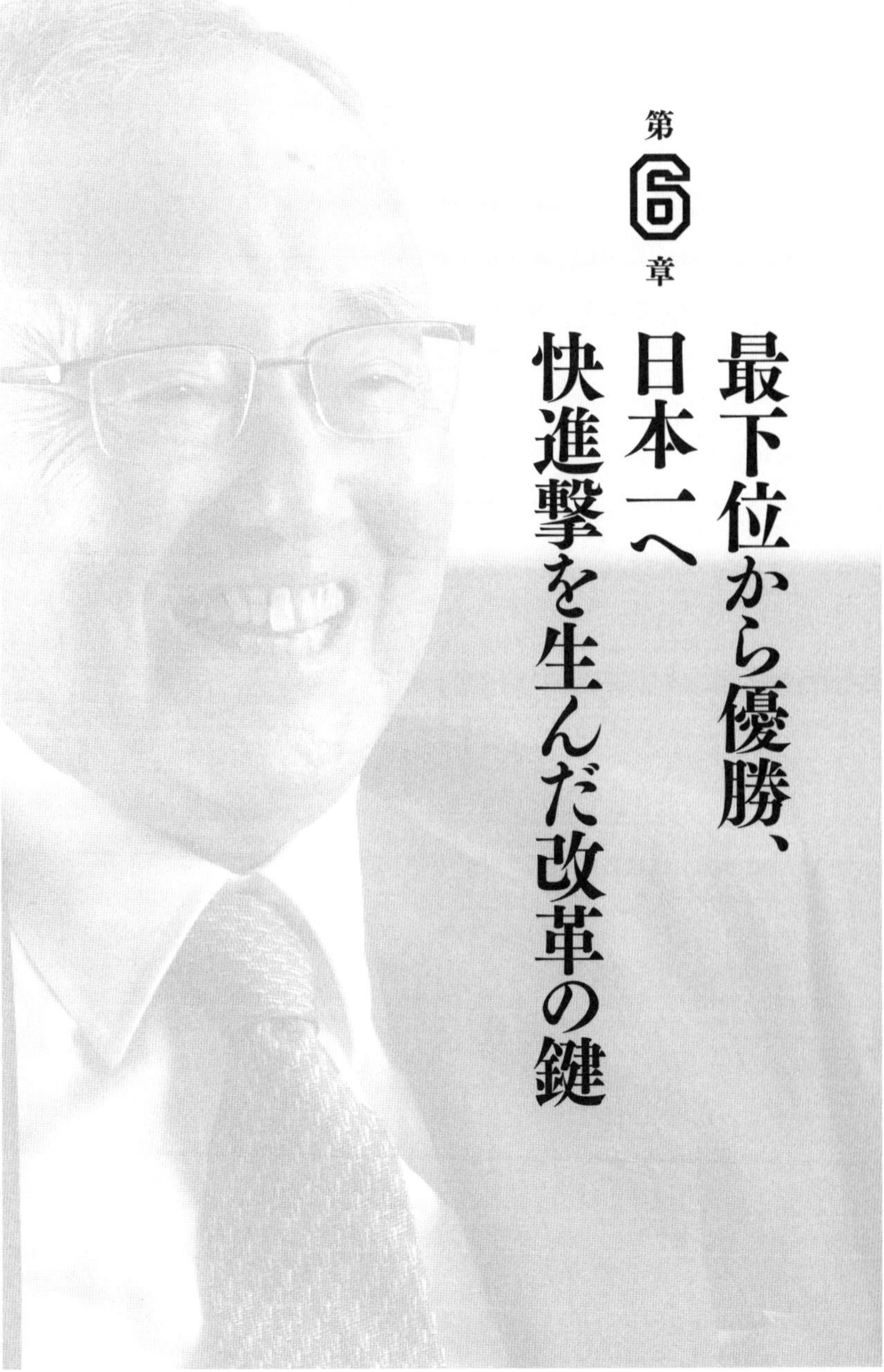

第6章

最下位から優勝、日本一へ 快進撃を生んだ改革の鍵

２０２３年にパ・リーグ３連覇を果たしたオリックス・バファローズ。長く低迷が続いたオリックスが、なぜ継続的に勝てるチームへと変貌を遂げたのか。それには様々な理由があると思いますが、長い低迷から学んだことが役立ったと言えるような変化が２つ生まれていました。

１つはチームづくりの基本となるポリシーを変えたことです。

ゲーム差なしの僅差２位
そこからの大型補強が裏目に

球団が変えたポリシーとは何なのか。それは「即戦力依存からの脱却」です。前章で触れたような「つじつま合わせ」の編成では、チームの中長期的な成長、強化にはつながりにくいと判断し、じっくり育成していく路線へと方針を切り替えたのです。

そのきっかけは、２０１４年シーズンの興隆と、直後の15年シーズンの凋落《ちょうらく》にありました。

森脇浩司監督（右）は低迷するチームを6年ぶりのAクラスへと導いてくれた（写真：時事）

森脇浩司監督が指揮を執って2年目の14年、オリックスはエースの金子千尋投手[注1]が最多勝に輝く16勝を挙げ、シーズン防御率が1点台と活躍。沢村賞[注2]も受賞しました。このシーズンは後に日米通算250セーブの記録を打ち立てる平野佳寿投手[注3]が40セーブで最多セーブのタイトルを獲得するなどリリーフ陣も安定していました。

打っては糸井嘉男選手が首位打者を獲得し、ウィリー・モー・ペーニャ選手が終盤までホームラン王を争って32本塁打の活躍を見せました。投打で主軸が奮闘したシーズンでした。

2014年　■勝利数は最多でも勝率で2位に

順位	チーム	試合	勝利	敗北	引分	勝率	ゲーム差
1	ソフトバンク	144	78	60	6	0.565	—
2	オリックス	144	80	62	2	0.563	0
3	日本ハム	144	73	68	3	0.518	6.5
4	ロッテ	144	66	76	2	0.465	14
5	西武	144	63	77	4	0.45	16
6	楽天	144	64	80	0	0.444	17

2015年　■大型補強を敢行したものの低迷

順位	チーム	試合	勝利	敗北	引分	勝率	ゲーム差
1	ソフトバンク	143	90	49	4	0.647	—
2	日本ハム	143	79	62	2	0.56	12
3	ロッテ	143	73	69	1	0.514	18.5
4	西武	143	69	69	5	0.50	20.5
5	オリックス	143	61	80	2	0.433	30
6	楽天	143	57	83	3	0.407	33.5

ソフトバンクとの優勝争いは10月2日、残り3試合で迎えた直接対決での最終決戦にもつれこみました。ゲーム差なしで首位に立っていたソフトバンクはその試合がシーズン最後の試合。オリックスがここで勝てば優勝にグッと近づき、負けなければ優勝の可能性を残すという大一番でした。ところが、延長戦の激闘の末に負けてしまい、優勝まであと一歩のところで力尽きたのです。

そのシーズンは最終的に80勝62敗2分け（勝率5割6分3厘）。優勝したソフトバンクは78勝60敗6分け（同5

割6分5厘）でした。勝った試合の数はオリックスの方が多いのです。でも、順位は勝率で決まります。その差、わずか2厘。たった2厘差でもシーズン144試合（当時）の結果が決まるのがプロ野球の世界です。

少し話が脱線しますが、これは言わせてください。私は、引き分けをカウントせずに勝率を算出する現状の方式[注4]に納得がいきません。

極端な例ですが、今の方式では、シーズンを1勝142分けで終えたら勝率が10割になる。たとえ他のチームが100勝しようが、1試合でも負けていたら優勝できないのです。これはおかしい。

何もオリックスが優勝を逃したから言っているわけではありません。その前からオーナー会議でも「引き分けを計算しないのはおかしいのではないか」と訴えてきました。議事録にも残っているはずです。

それぐらい前から意見していますが、オーナー会議ではどなたも何も反応せず、今もこのルールは変わっていません。やはり引き分けは0・5勝／0・5敗とするか、あるいは引き分けをなくす工夫をする必要があると思っています。

ついつい熱くなってしまいましたが、話を元に戻しましょう。14年は優勝を果たせなかった悔しい思いこそありましたが、6年ぶりのAクラスで幕を閉じたシーズンには充実感がありました。チームにとって久しぶりに明るい兆しが見えてきました。

「来年こそは勝ちまくって、文句なしに優勝するぞ」

そう思ったのは監督や選手、ファンだけではありません。オーナーの私だってもちろんそう思いました。球団をもう一段強くするためには補強が不可欠。そのためには親会社の支援も必要になる。これまで「ケチックス」とからかわれてきましたが、ここは補強のしどころだと判断しました。

オリックスはダイエーやロッテで球団代表を長く担当していた瀬戸山隆三さんを12年11月に招き入れ、その1年後には球団本部長に就任してもらってチームの変革を託していました。優勝まであと少しに迫った年、瀬戸山さんは大胆な補強プランを作り、球団もそれに応じました。

西武で活躍した後に渡米し、MLBのオークランド・アスレチックス傘下のマイナーリーグで頑張っていた中島宏之選手[注5]を、阪神との争奪戦に競り勝って獲得。さらに、フリーエージェント（FA）を表明した日本ハムの小谷野栄一選手、中日やDeNAでホームラン王や打点王などに輝いたトニ・ブランコ選手、広島東洋カープで先発投手として数字を残したブライアン・バリントン投手など実績豊富な選手を補強したのです。メディアからは「30億円補強」とも言われましたが、私はこの補強を「100点満点」と評しました。

長らく優勝から遠ざかっていたため、チームの中に優勝経験を持つ選手が少なかったこともあります。「終盤で競り負けないチームへと強化するためには経験豊富なベテランが不可欠」という判断は、私も納得できるものでした。

獲得にゴーサインを出し、陣容は整いました。ところが、チームは開幕から4連敗とスタートダッシュに失敗。大型補強の4人のうち、ブランコ選手はケガで開幕早々に登録抹消。他の3人も5月までに皆、登録抹消になるという憂き目に遭ったのです。投手の主力選手でも故障者が続出。結果的に15年のシーズンは61勝80敗2分けで5

位に終わりました。前年にゲーム差なしで優勝を競ったソフトバンクには30ゲームも離されるという悔しい結果となったのです。

この経験が、チームづくりのポリシーの大きな転換点になった気がします。即戦力の選手を獲得するのはもちろん大事ですが、そこに大きく依存しているようでは、チームは強くならないと身をもって理解しました。

たとえ時間はかかったとしても、将来有望な選手をドラフトで指名し、じっくりと育てる——。それを優先しようと考えるようになりました。その結果、球界を代表する選手が生え抜きから次々に誕生する球団へと生まれ変わったのです。

日本の世界制覇に沸いた23年のワールド・ベースボール・クラシック（ＷＢＣ）。オリックスからは日本代表に多くの選手が選ばれました。

エースの山本由伸投手[注6]や宮城大弥投手。リリーフでは山﨑颯一郎投手のほか、22年のシーズン後半に支配下選手登録になったばかりで大活躍を見せた宇田川優希投手も選ばれました。そして、シーズンオフに米ボストン・レッドソックスへと移籍が決ま

オリックスに高卒で入った山本由伸投手（左）と宮城大弥投手をはじめ、2023年のWBC日本代表には5人の選手が選ばれた（写真：時事）

った吉田正尚選手[注7]は途中から日本代表の4番に座り、チームを世界一へと導いてくれました。

15年にドラフト1位で獲得した吉田選手は大卒ですが、山本投手や宮城投手、山﨑投手は高卒での入団です。宇田川投手は大卒ですが支配下枠に入れない育成ドラフトでの指名。そこから自分の力ではい上がってきました。

こうした選手を自前で育てるには、どうしても時間がかかります。そして何より、チームの運営に相当な覚悟が必要となります。その間は結果がなかなかついてこないのですから。実際、オリックス

■高卒や育成出身の選手が大活躍

ドラフト年	氏名・ポジション（前所属）
2016④	山本由伸投手（都城高校）
16⑥	山﨑颯一郎投手（敦賀気比高校）
17育②	東晃平投手（神戸弘陵学園高校）
19①	宮城大弥投手（興南高校）
19②	紅林弘太郎内野手（駿河総合高校）
20①	山下舜平大投手（福岡大学附属大濠高校）
20育③	宇田川優希投手（仙台大学）
22育④	茶野篤政外野手（徳島インディゴソックス）

注：育は育成ドラフト、丸数字はドラフトの指名順位

は15年から20年までの6シーズンはすべてBクラス。そのうち3回が最下位でした。ただ、その忍耐の時間があったからこそ、今があるのでしょう。最下位だった20年から翌21年にいきなり優勝を果たし、そこから3連覇を成し遂げた。

23年のシーズンは、前年まで4番を務めていた吉田選手がメジャー挑戦で抜けてしまいました。即戦力依存を減らしているとはいえ、その穴を少しでも埋めなければなりません。FA権を取得した森友哉捕手を西武から獲得しました。しかし、他球団も戦力補強をしています。23年の優勝は難し

いかなと思っていました。

ところが、蓋を開けてみれば、2位以下に15ゲーム以上の大差をつけて優勝を果たしました。接戦の末に優勝した22年までの2シーズンとは大きく異なる展開です。想像の域を超えていました。大黒柱が抜けても、新たな戦力が現れてチームを支えて勝つ――。数年前まで低迷期が続いていたわけですから、ここまで見違えるほど強くなるとは正直思ってはいませんでした。

もちろん、選手の頑張りや監督の采配の影響は大きい。でもそれだけではなく、チームを運営する球団幹部たちの覚悟と行動にも起因していることをお伝えしておきたいと思います。

チーム強化に不可欠な「フロントの強化」

長い低迷から学んだ2つ目の変化は、球団経営の方向性が見えてきたことです。実はオリックスはフロント（球団幹部）そのものを強化する目標を掲げ、実行していました。代表的な取り組みが、19年のGM（ゼネラルマネジャー）制再導入です。前年まで3シーズンにわたってオリックスの監督を務めた福良淳一さんに、GM兼編成部長となっていただきました。

選手やコーチ、監督だけではなくスカウトの経験も持つ彼がフロントとしてチームの中長期的な展望を描く。現場で指揮を執る監督とは役割を分けることで、チームの方向性をブレずに定められる。

つじつま合わせでの編成という失敗が、フロントの強化という答えを導き出してくれました。オリックスは比較的早い時期にGM制を導入しましたが、当時はなかなか結果に結び付かなかった。03～05年、近鉄との合併や球界再編といった混迷の時期です。阪神で監督を務めた中村勝広さんがGMを務めてくれたのですが、中村さんの退任後はGM制をなくしていました。

球団がチームづくりのポリシーを中長期的な視点に変えてからGM制を再導入したせいか、今は非常にうまく機能していると思います。

育成の方針をより強固に示したのが、18年1月から球団社長を務める湊通夫さんです。湊社長はオリックスから11年に球団へ異動し、事業本部長などを歴任して苦しい時期にファン獲得のために汗水垂らして働いてくれました。

その湊社長が20年途中の監督交代時に強く推したのが、中嶋聡監督です。1987年に阪急ブレーブスに入団して現役時代は捕手として活躍した中嶋さんは、長く現役コーチを務め、他球団を経験し、米国でも学んだベテラン指導者。日本ハムから古巣へ帰ってきて、2軍を見てくれていました。

シーズン途中での監督交代という緊急事態です。湊社長の強い推薦に対し、私は「今すぐにではなくしっかり策を練り、来シーズンに向けて他チームを含め、勝った経験のある元監督などを探しては」と反論しました。ですが、「今、行動しないとチーム状況がより悪化します。現場の判断を信じてほしい」といったやり取りがあり、球団と本人の熱意を信じて了承しました。結果、中嶋さんという稀有《けう》な人材に監督をやってもらえることになったのです。まずは監督代行として就任し、シーズン終了後に正式に監督就任。その翌年から、見事にパ・リーグ3連覇を成し遂げたのです。

親会社が変えたポリシー
プロ野球全体の成長へ

私は長年、経営者としてビジネスをリードしてきた自負があります。しかし、こと球団経営については、私のビジネス経験はあまり役に立っていないのかもしれません。後になって「なるほどな」と思うことばかりです。それを自分自身が理解できるまで、随分と時間がかかりました。

例えば監督の人選についても、一番の専門家は現場の人たちです。スポーツビジネスは特殊な領域ではありますが、現場やフロントでプロフェッショナルな人材が育ってきました。

オーナーなんて所詮は素人。具体的なことには口を出さないのが一番いいのです。現場の言うことを、信じて任せることが肝心です。

目先の勝利や、とりあえず今シーズンの数字をつくるという発想ではなく、来年や再来年、もしくは5年後、10年後の球団をどのようにつくっていくかの視点を親会社やオーナー自身も持つべきなのです。即戦力の補強ばかりに頼っていては全く勝てない。

ただ、そのノウハウも負けることによって蓄積されたわけです。本当に強いチームをつくるには、時間をかけて、しっかりと基礎からつくり上げていかなくてはならない。その重要さに気付いた結果、チームは大きく花開いた。今はその成功体験に浸っていますが、これもまた時間の経過とともに変わっていくのでしょう。次の段階がまた見えてくるのが今から楽しみです。

これは前章に書きましたが、プロ野球に参入した当初は、広告宣伝としての役割を見事に果たしてくれたので大いに満足し、あとは一ファンとして応援している気持ちの方が大きかった。その時期は球団よりも集中しなければならない事業が数多くあり、グループも成長していたために、プロ野球をどうするかという意識は本当に頭になかった。ファンに対しても、野球に対しても大変失礼な話です。

でも、これは私に限ったことではないかもしれません。特に大企業の1部門として球団を見ているオーナーは、そうなりがちなのではないかと思います。

野球のことを考えるとき、ついつい「親会社から見た野球」を考えてしまう。野球に関心があったとしても、「親会社のビジネスにどう利用しようか」という方向に頭が行ってしまい、「野球ビジネス」として捉えない。野球そのものを何とかしようとは考えない――。

私はずっとそうでした。それでも、あるときから「これはやっぱり違うな」と思うようになった。野球そのものを考えなければいけないとなるまでに、相当長い時間がかかりましたね。

それでも、この考えにたどり着けたことは私にとって大きな財産となりました。1人のオーナーとして自身のチームだけをどうするかを考えるのではなく、プロ野球全体、ひいては野球界を応援してくださる層をどのようにして拡大していくかが最大の課題ではないかと変化していったのです。

私の望みは、オリックスの復活だけではありません。プロ野球そのものの価値を高めること。それを望むように、徐々に変わってきたのです。

契機となったのは、欧米のスポーツビジネスの隆盛です。例えば米国の4大スポーツと称される野球、アメリカンフットボール、アイスホッケー、バスケットボールは収益事業であるばかりではなく、年々成長しているのです。また、欧州のサッカーは大衆スポーツとして根付いており、これもさらにマーケットが拡大しています。

翻って日本では、スポーツがビジネスとして確立しているものは少ない。主に企業の副産物として存在しているケースが多いのです。ファンのサポートで事業として成立し、その後押しでさらに伸びていく。この流れをつくり、事業として経営する。これがスポーツビジネス本来のあり方だと信じています。

未来を考えると、これからの世代は、これまでのようにあくせく働くのではなく、自由に過ごせる時間が多い環境で生活するようになるのでしょう。そうなると、生活に潤いを与える芸術や文化、旅、スポーツは欠くことのできない重みを持つはずです。

特に、見るのもプレーするのも楽しめるスポーツの役割は大きい。プロスポーツは今より増加し、競技間でのファン獲得競争も当然激しくなっていくでしょう。

私は野球ほど日本人の感性にぴったりのスポーツはないと信じています。人気ナンバーワンのスポーツであることが当然だと思います。しかし、プロ野球も現状に満足しているようではいけない。潜在的なファンを獲得できないばかりか、下手をすると他のスポーツにナンバーワンの座を譲ってしまう恐れもあります。プロ野球は明日に向かって新しい歩みを続けなくてはならない。そんな思いが募るのです。

とはいえ、1人で動いても球界に変革は起こせません。それは、メジャーリーグのチームを日本につくろうと構想しながらも諦めた過去からの学びでもあります。まずは仲間づくりが不可欠です。

球界再編後、それぞれの球団は必死にもがいてきました。幸いなことに、各球団の努力は少しずつ実りつつあります。観客動員数、興行収入などが増加し、一部の球団に偏っていた収支バランスも平均化してきました。恐らくプロスポーツ特有の、地元に根差すフランチャイズ制度がやっと機能してきたのでしょう。

オリックスも広告宣伝抜きで独り立ちできるメドがつき、経営面での次の段階、すなわちスポーツビジネスの確立に向かって動ける体制が整ってきました。自軍のことしか考えなかった、あるいは親会社のことしか見ていなかった球界に、変革の風が吹く準備ができたと言えるでしょう。

変えられないと思っていた世界を変えられるかもしれない――。そう思えるようになりました。

補足説明

注1：2004年ドラフト自由獲得枠でオリックス入団。直球と精度の高い多彩な変化球が持ち味の投手として活躍。14年にパ・リーグ最多勝と最優秀防御率でMVP、沢村賞を受賞。

注2：正式名称は沢村栄治賞。シーズンで最も活躍した先発完投型投手に贈られる賞。オリックスの山本由伸投手は21～23年の3年連続受賞で、受賞数は最多タイ記録。

注3：2005年ドラフト、大学・社会人希望枠でオリックスに。直球とフォークが武器。10年以降は主にリリーフとして活躍。23年10月に日本選手史上4人目の日米通算250セーブを達成。

注4：分母は引き分けを除いた試合数で分子は勝利数として計算する。14年のパ・リーグの成績を引き分け0・5勝で計算した場合、1位と2位は同率となる。

注5：2000年ドラフト5位で西武に入団。09年にパ・リーグ最多安打タイトルを獲得するなど、「打てる遊撃手」として活躍。12年シーズンオフにMLB挑戦。。

注6：22年にNPB史上初となる2年連続の投手5冠、21年から23年にかけて史上初となる3年連続の投手4冠。3年連続の沢村賞受賞は歴代1位タイ。23年オフにMLB移籍を表明。

注7：15年ドラフト1位でオリックス入団。20年、21年と2年連続で首位打者獲得。22年オフにMLB挑戦を表明。23年のWBCでも中核打者として活躍し、世界制覇に貢献。

第6章　最下位から優勝、日本一へ　快進撃を生んだ改革の鍵

証言・詳言 3

後援会長が傍らで見た オーナーとチームの変化

ダイキン工業取締役会長兼グローバルグループ代表執行役員
オリックス・バファローズ後援会長

井上 礼之氏

いのうえ・のりゆき
1935年3月京都市生まれ、88歳。57年同志社大学経済学部を卒業後、大阪金属工業（現・ダイキン工業）入社。79年取締役、85年常務取締役、89年専務取締役などを経て94年に代表取締役社長。2002年に会長兼CEO、14年から現職。01年から20年間にわたり関西経済連合会の副会長を務めるなど財界活動にも力を注ぐ。（写真：菅野 勝男）

後援会長が傍らで見た オーナーとチームの変化

証言・詳言の３人目は、05年からオリックス・バファローズの後援会長を務めるダイキン工業会長の井上礼之氏。宮内氏とは同い年で、家族ぐるみの付き合いがある間柄だ。関西経済界の重鎮としても知られる井上氏は、長くオーナーを務めた盟友の変化をどう見てきたのか――。（構成：白壁 達久）

宮内さんと最初にお会いしたのがいつ、どこだったか、正確には思い出せません。時期は恐らく1990年代半ば、オリックスが初優勝した頃だったかと思います。

お互い同じ昭和10年生まれの亥年《いのしし》。財界人を中心とした「初亥会《はついかい》」という集まりの発起人をされていた宮内さんに誘われ、その会に入りました。これをきっかけにいっそう親しくなり、家族ぐるみでお付き合いさせていただくまでになりました。

ダイキン工業は女子プロゴルフの開幕戦「ダイキンオーキッドレディス」を沖縄で主催しているのですが、宮内ご夫妻には毎年、那覇までお越しいただいています。その関係もあって、財界人が沖縄の振興・発展を議論する「沖縄懇話会」で私と共に本土側の代表幹事を長年務められるなど、ご一緒する機会が結構ありました。

阪神ファンとオリックス後援会長 まさかの二刀流へ

そんな宮内さんから電話があり、「オリックスが近鉄と合併することになった。新球団の本拠地は大阪になるので後援会長をやってもらえないか」と依頼されたのは、2004年のシーズンオフのことでした。

私は困って、最初はお断りしたんです。なぜなら、そもそも私は熱心な阪神タイガースファンでしたから。別当薫、藤村富美男と続くダイナマイト打線の頃から阪神が好きで、ずっとタイガースの試合を見てきた。さすがにこれはまずいと思って「僕は阪神ファンやからアカン」と正直に告白して辞退したわけです。

すると、「井上さんが阪神ファンというのは世間で有名ですか?」と聞いてくるのです。変なことをおっしゃるなと思いつつ、「いや、たぶん誰も知らん」と返しました。

「それだったら問題ない。阪神とオリックスはセ・リーグとパ・リーグでリーグが違う。阪神ファンであることがあまり有名でないなら、ぜひやってほしい」。こんなようなことを言って宮内さんは説得してきました。

いささか強引な勧誘ではありましたが、宮内さんの柔らかい物腰と巧みな話術に引き込まれ、いつの間にか後援会長を引き受けていた次第です。阪神ファンとオリックス後援会長の「二足の草鞋」、今風に言えば「二刀流」ですかね（笑）。

当時、オリックスは近鉄球団と合併するなど、球界再編の中心にいました。大阪を拠点とする近鉄との合併を機に、関西圏でのさらなるファン拡大を目指した宮内さん。神戸には後援会がありましたが、新たにフランチャイズとする大阪にも後援会がぜひ必要だと、関西経済連合会の副会長もしていた私に対して、その会長就任を依頼されたようです。

合併したらオリックスと近鉄のいい選手を優先的に確保できるので、「強くなるはずです」と宮内さんがおっしゃるし、私も期待していました。でも結局は、05年にリーグ4位。翌年は5位で、その次の年が最下位です。私が後援会長になって3年間、なんとBクラスばかりで、しかも順位は下がる一方ですわ（笑）。

いくら実力のあるいい選手がそろっていても、やっぱりチームワークがよくないと、野球というのは強くならんな、と痛感しました。3年ぐらいたったとき、いつまでも弱いままなので「もう辞めさせてほしい」と宮内さんにお願いしたこともあります。

オリックスも阪神もそのころ共通していたのは、ケチなことですよ。「もっと出すものは出さなアカン」と言って、宮内さんにはよく煙たがられました（笑）。

短期志向から中長期の視点へ

最下位も多く、あれだけ長期間にわたってチームが低迷していたのに、オーナーを30年以上も続けてこられた。よくもまあ辛抱なさった、と思う。と同時に、この人は野球が心底お好きなんだなあ、と感じますね。

後援会長としてオーナーの宮内さんを長く見てきましたが、球団の方針を変えたの

（写真：菅野 勝男）

は10年代からでしょうか。

それまでは刹那主義といいましょうか、「今、勝ってほしい」という思いばかりが先走っていたように思います。オーナーとしては、どちらかといえば「短期志向」でしたね。

それを受けてか、球団も結果が出ないと監督をすぐに代えていました。監督が代わればスタッフもコロコロ代わる。そうなるとチームはいつまでたっても強くならない。球団も企業と同じで、やはり資質のある人を中長期的に育てて組織を強くしていかないといけない――そう考えられたのだと思います。

オーナーの考え方の変化が浸透したのでしょうか。球団も、ハード面で選手を育成しやすい環境を整え始めたのが印象的でした。

後援会長として毎年、春季キャンプにご招待いただいています。当初はずっと沖縄の宮古島でキャンプをしていましたが、10年代半ばには宮崎市に移転しています。施設が充実していて、1軍が練習する球場の横に2軍のグラウンドがある。チームの戦力を上から下までくまなく見られる。

キャンプ地だけでなく、本拠地の2軍の練習施設を神戸から大阪の舞洲《まいしま》に移したのも同じ理由で、育成状況を間近で見られるからでしょう。選手がアクセスしやすくなり、練習に集中できる時間が増えました。オリックスでは最近、若い選手が次々と頭角を現してきていますが、これがその土台となっています。

そしてドラフト戦略でも、高卒は中長期的に育て上げ、大卒・社会人は即戦力として使うという編成方針を明確にされた。こうした変革は、オーナーの強い意志なくしてはできないこと。この2つがあってこそ、オリックスはリーグで3連覇できる力を持てたのだと思います。

中嶋聡監督は、選手にあれこれ細かいことを言うのではなく、話を聞きながら的確な助言をされているように思います。選手起用では、投手は先発の登板間隔を守り、中継ぎは3連投させず、打順も相手や選手の調子を見ながら試合ごとに入れ替える。そんな柔軟で巧みな起用の仕方をする。また、そうした中嶋監督の変幻自在の采配に、選手がものの見事に応えている印象があります。

オーナーから球団、そして監督と選手が、時間をかけて1つにまとまった。それが現在のオリックスの強さの秘密、という感じがしています。

「球団が赤字である限りプロ野球は発展しない」

宮内さんも私も、長く企業を経営してきました。同じ立場として話をしていた中で印象的だった宮内さんの言葉があります。それは「球団が赤字である限り、プロ野球は発展しない」というものです。

当初、球団が毎年、数十億円の赤字を出していた頃は、オリックスグループの「広告宣伝費として考えれば安いもの」と言っていました。その後、球団の黒字化にすごくこだわるようになった。宮内さんの考えから、球団はなるべく支出を抑えるようになったため、十分な投資ができずチームはどんどん弱くなっていった。私が後援会長として毎年の激励会などで「オーナーがケチやから弱い」と苦言を呈していたのはその頃です。

球団の赤字がグループ全体の業績を大きく引き下げていたわけではありません。広告宣伝費としては安いもの、という考えに変わりはなかったでしょう。宮内さんの真意は別にある。「プロ野球そのものの発展」です。

親会社が資金を提供するから球団が存続するのではなく、球団そのものが自立して成長していく。そうならないと業界全体の発展は望めない。自分のチームだけではなく、球界全体に向けたメッセージ。これは宮内さんらしい、経営者ならではのメッセージとも言えます。

オリックスのグループＣＥＯ（最高経営責任者）を長く続けてこられた宮内さんは14年にその座を後進に譲り、シニア・チェアマンになりました。ただ、経営トップとして一線を退いた後も、９年近くはプロ野球オーナーとしてとどまり続けました。恐らくそれは、プロ野球界全体の発展に向けて、まだやり残したことがあったからでしょう。

宮内さんは派手に動くタイプではありませんから、プロ野球ファンの皆さんはその仕事ぶりをご存じないかもしれません。実は、球界の成長のために水面下で色々と動き、苦労もされてきたのです。そのおかげで、昔は人気の差が大きかった12球団が、今はどのチームも独自の戦略を持って地元やファンと向き合うようになりました。プロ野球の地域密着路線は宮内さんのご尽力あってのものだと思っています。おかげで地域に根差した球団が増え、プロ野球の魅力は底上げされつつあります。

もちろん各球団や選手たちの頑張りもあるでしょう。だけど、それをオーナーとして引っ張ってこられた宮内さんこそ「球界の功労者」と言えるのではないでしょうか。

22年末をもって34年間務めたオーナーを勇退されました。チームは26年ぶりの日本一に輝き、最高の幕引きとなりましたね。私も同じタイミングで後援会長を退くつもりで宮内さんに辞意を伝えたところ、「僕はオーナーを34年やったけれど、あなたは後援会長をされてまだ17年」と返されて、続投させられました（笑）。それでも、私もパ・リーグ3連覇を花道として今年で勇退させてもらおうと思っています。

日本のプロ野球のために、色々と苦言を呈して、役立つ提言や行動を取ってきた宮内さん。他に代わる人がいないほどの経験は、ぜひ次世代に伝えておきたいものです。オーナーとは形の異なる貢献を、どうか続けていってください。

第7章

動き始めた「岩盤」チームを超えた団結に合理性

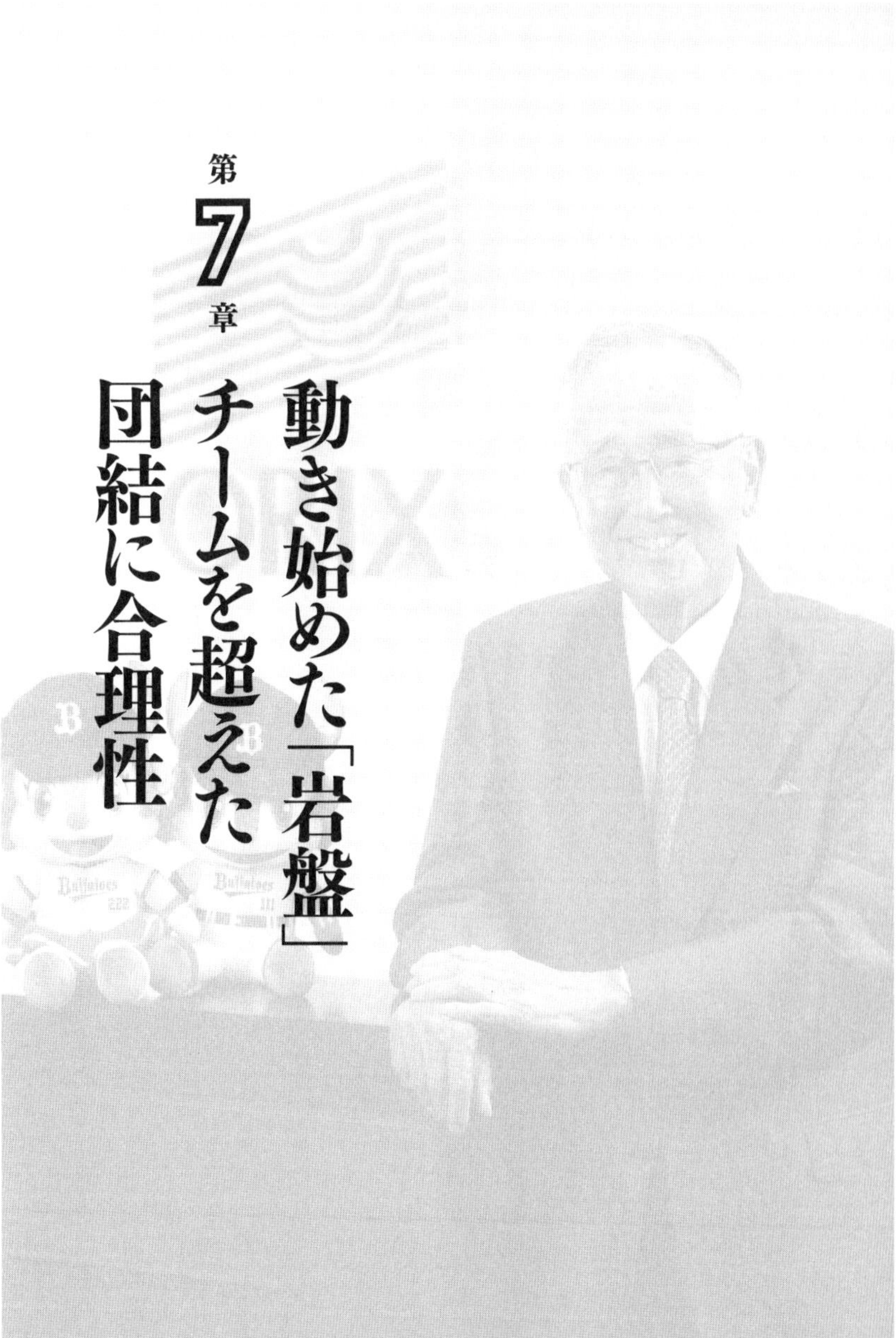

2004年に東京から北海道に移転した日本ハムファイターズは「北海道日本ハムファイターズ」へと名称を変えました。その後、新規参入を果たした楽天は「東北」を掲げ、ヤクルトスワローズの頭には「東京」がつき、西武ライオンズは「埼玉」を冠したチーム名へと変わりました。これらの動きはプロ野球の変化を象徴しています。

移転した日本ハムや新規参入の楽天は、新たなファンの獲得が不可欠でした。その地域のファンを増やしたいという思いが球団名にも表れたという側面があると思います。一方、ヤクルトや西武は本拠地やフランチャイズ（保護地域権）を変更したわけではありませんが、それでも球団名に地域名を入れています。

欧米のプロスポーツを見ると、ほとんどの場合、フランチャイズ、特定地域に根差した運営をしています。プロスポーツが支持されるためには、地元意識を持つファン層に支えられることが最も大切だということなのでしょう。プロ野球もこうした考え方を強く意識するようになりつつあります。

その重要性はオリックスも十分認識しています。ただ、今は球団名に地域名を入れていません。それは近鉄との合併によって大阪をフランチャイズにしたからです。「大阪」という地名を入れると、グリーンスタジアム神戸の時代から応援してくれているファンが失望してしまうかもしれない。それは忍びなかった。気持ちとしては地域名として「関西」あるいは「阪神」が思い浮かびますが……。いずれもしっくり来ず、なかなか決心がつきませんでした。

今は各球団がフランチャイズの重要性を認識し、それぞれ独自色を打ち出しながらファン獲得に向けて動いています。ファンと真摯に向き合い始めた結果とも言えます。そして、少しずつではありますが実をつけ、花を咲かせつつあります。ただ、プロ野球界のこうした変革は、先見性を持って動いた結果というよりは、環境の変化に迫られた部分も多い。

今まで通りのやり方でやっておけばいいというのが、最も楽なんです。変えるのは手間がかかる上に苦痛も伴う。そして、必ずしも成功するという結果は約束されていない。だから多くの人は前例踏襲に陥ってしまうのです。しかし、それでは成長は見込めません。

本来であれば、自発的な変革が望ましいところです。プロ野球の場合は後追いかもしれません。それでも、変革に向けて動き始めたのです。

多極化されるメディア ピンチをチャンスに変える

日本のプロ野球の発展においては、黎明期《れいめい》に球界へ進出した球団の大きな努力がありました。戦後のテレビの普及に伴い、テレビ放送が果たした役割は特に大きかった。プロ野球を国民的なプロスポーツにしてくれました。その一方で、テレビで試合観戦ができるか否かで球団の人気に大いに差が生じることにつながった。それが、球団の収支に最も影響を与える要素になっていきました。

もともと抜群に人気があった巨人戦の人気がさらに高まり、その人気が放送に反映されるという循環が生まれました。テレビでは巨人戦が毎試合放送される一方、それ以外の試合はほとんど放送されないという状況になったのです。巨人戦の放送で試合を観られるセ・リーグの球団と、試合を観られないパ・リーグの球団とでは、収入の格差はもちろん、人気やファン層の厚さにも決定的な差が生まれてしまいました。

この結果、巨人を中心としてまとまることで経営が成り立つセ・リーグ球団と、親会社にとって役立ちはするものの経営的には多額の広告宣伝費に頼るパ・リーグ球団という構図になりました。12球団が一致団結してプロ野球をもり立てようとする機運が生まれなかった要因の1つがこれです。

「セ・パ交流戦[注1]」の実現までの経緯はその最たる例です。パ・リーグとしては、巨人を含めたセ・リーグの人気球団との試合を組み、ファンを増やして球団経営を少しでも楽にしたい。一方、巨人以外のセ・リーグ球団としては、虎の子である巨人戦の試合数は減らしたくない。そんな相いれない立場の球団同士で議論する必要がありました。

米国ではMLB（メジャーリーグ）が、交流戦に当たる「インターリーグ」を1997年から試験的にスタートさせ、新たな魅力をファンに提供していました。一方、

球界再編を機に2005年に始まったセ・パ交流戦。オリックスは10年と21年に優勝を遂げた（写真：時事）

日本のプロ野球では実行委員会でもオーナー会議でも、交流戦に関する議論は「セ・リーグ球団の拒否」で平行線をたどったままでした。

妥協案として、オープン戦の一部を「プロ野球サントリーカップ」として順位をつけて戦う取り組みがありました。1999年と2000年のことです。とはいえ、もともとオープン戦はセ・パ関係なく対戦していました。新鮮味がない上、公式戦に向けた調整の場でもあるため盛り上がりに欠けます。そして球団にとっては、公式戦ではないため収入が大きく入ってくるわけでもないという課題がありました。

ようやく交流戦が始まったのは05年。球界再編の曲折の後です。当初は別リーグの6チームと、ホームとアウェーで3試合ずつ開催する36試合制でした。その後に別リーグのチームと2試合ずつ開催される24試合制となり、現在は3試合ずつ行う18試合制になっています。1つのチームとの対戦が2年間で6試合ある中、ホームゲームが両球団3試合ずつになるようにする。ファンからすれば非常に分かりにくい形です。

これは両リーグの妥協の産物としか言えません。果たしてファンに十分楽しんでもらえる形なのか。私は疑問に思っていますが、長い目で見れば一歩前進はしたのかなといったところです。

交流戦をめぐってセ・パ両リーグの利害がなかなか一致しなかったのは、やはり巨人戦の放映権をめぐる思惑があったからでしょう。しかしプロ野球の形も、ここ10年、20年の単位で考えれば変わってきました。「岩盤」だと思っていたものが、徐々に動きつつあります。

そのきっかけになったのが、恐らく04年の球界再編をめぐる動きです。旧態依然とした親会社依存では、球団とは関係のないところでいつ変動が起こるか分からない。やはり球団そのものの経営をしっかりしなければならないといった思いが、球界関係者の間で強くなってきたのではないでしょうか。

各球団によるフランチャイズ確立のための動きはその表れです。「地域密着」を掲げることもファンサービスに力を入れることも当然といえば当然なのですが、一段と力を入れる球団が増えたように思います。

プロ野球の変化を促したものとして、他のプロスポーツの動きもあります。その1つが、93年にスタートしたプロサッカーのJリーグ。短期間で素早く組織をつくり、チームを増やしてフランチャイズをしっかり確立しました。瞬く間に、プロ野球に次ぐ人気スポーツをつくり上げたのです。

Jリーグは、上部組織が強大な権限を持ち、傘下チームを支配下に置くことで全体を大きくしていくやり方です。できるだけ個々のチームの自主努力と結果責任に委ね、全体を束ねることにより協調調和を図るという、プロ野球の組織・運営方法とはあまりに対照的な経営なのです。

これはどちらが正しいか議論をすることよりも、相手のいい面はできる限り取り入れた方がより実りの多い結果になるでしょう。例えばJリーグは全チームを代表し、インターネットでの配信権を、予想をはるかに超える金額で契約しています。また、選手の移籍についても国際的な契約慣行がおおむね確立しています。選手の海外移籍については、プロ野球がサッカーを参考にしながら解決すべき課題です。

さらに、メディアと社会の関わりも大きく変わりました。かつては夕食時にテーブルを挟んで一家でテレビを囲み、巨人戦を観るというのが見慣れた家庭風景でした。今の若い人にとっては想像がつかないかもしれません。

最近は家族よりも個人、そしてテレビではなくスマートフォン（スマホ）の小さな画面でチラチラと野球の途中経過を確認し、白熱した場合に試合をじっくりと観るというように視聴の仕方も変わってきました。また中継手段も、地上波からBSやCS、インターネットに広がっていった。多様なメディアと向き合う時代になったのです。

ファンが多様なメディアで視聴する分、メディア側の収入も地上波から他の媒体へと流れていきます。多くの大衆、いわゆるマスを相手にするものから、個人の好みに向けてアピールすることが求められるようになりました。

地上波でのプロ野球中継は試合が長引いても時間延長せずに終わるようになり、そもそも中継する試合数もどんどん減っていった。かつての球団は「とにかく地上波での放送を」と熱望していましたが、すっかり違った景色が見えてきたのです。

危機意識が高かったパ・リーグセに先行して一致団結

私も最初は自分の球団のことばかりを考えていたと前章で触れました。しかし、長くやっているうちにプロ野球は1球団で事業を考えるのではなく、12球団で1つのビジネスとして見るべきだという思いへ徐々に変わりました。そういう形にしなければ絶対に球界は繁栄しないと、やっと分かってきたのです。

この考え方は、時間こそかかりましたが、各球団に浸透しつつあると思います。とはいえ、12球団すべてが理解を示して、能動的に全体で動こうとしているかというと、まだそのような段階までは来ていません。

その点で動きが早かったのが、より危機意識が高く、変革を求めたパ・リーグです。自分の球団だけでなく、連携して何ができるか――。こう考えたパ・リーグは07年、各球団が出資する形で「パシフィックリーグマーケティング[注2]（PLM）」という会社を設立しました。リーグとしての魅力をどれだけ広められるかに取り組む企業です。

もともと各球団とも、多様なメディアの時代に放映権収入を増やしたいという考えは同じでした。ただ、最初からパ・リーグが一致団結できていたわけではありません。個々の球団が少しでもメディアでの露出を増やそうと努力はするものの、パ・リーグ全体で進むべき方向性や全体像を描き切ることはなかなかできなかった。そこからの一致団結の象徴がPLMなのです。

その成果の1つが「パ・リーグTV」です。10年から「パ・リーグライブTV」と

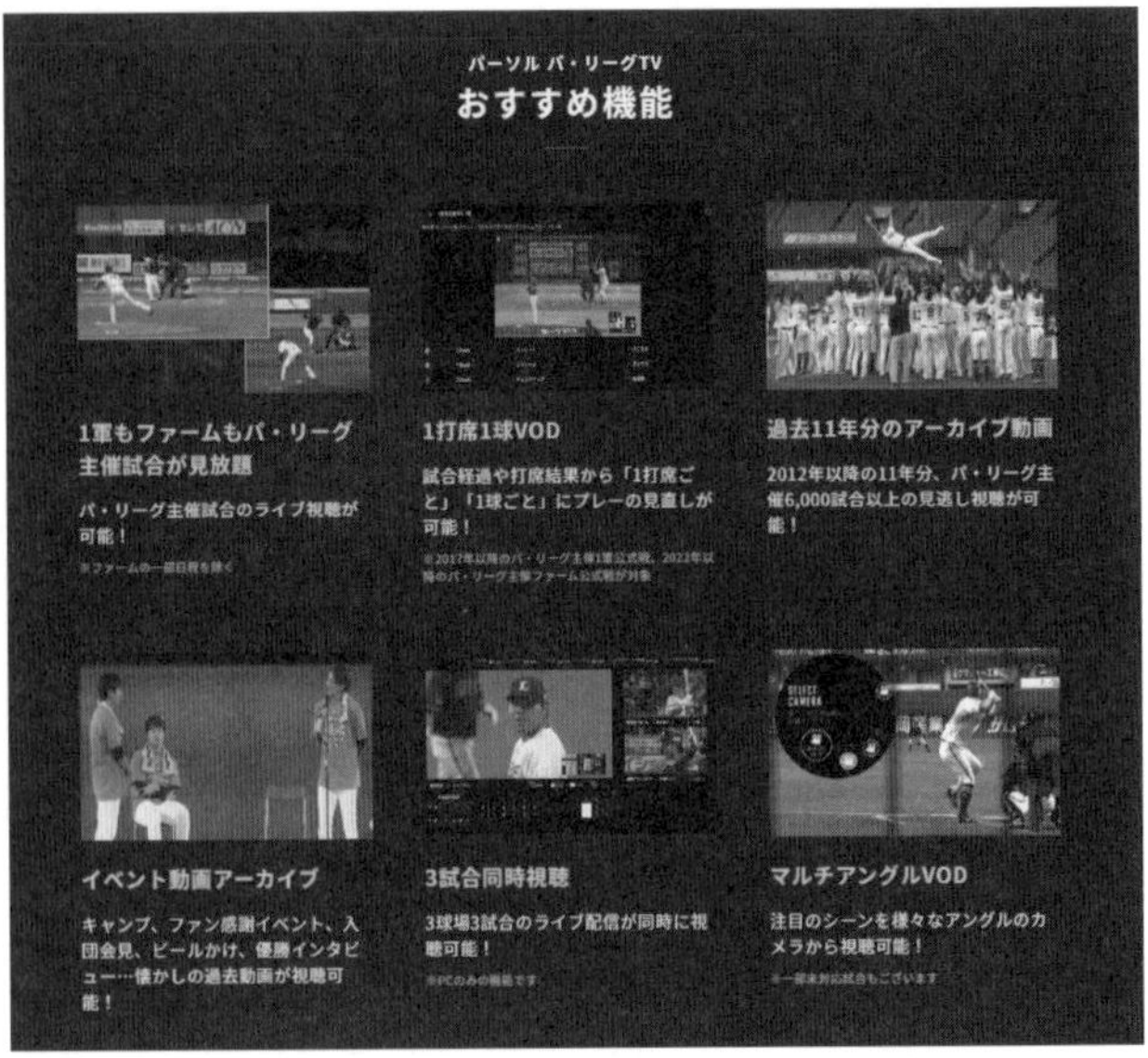
パーソル パ・リーグTV
おすすめ機能
1軍もファームもパ・リーグ主催試合が見放題
パ・リーグ主催試合のライブ視聴が可能！
※ファームの一部日程を除く
1打席1球VOD
試合経過や打席結果から「1打席ごと」「1球ごと」にプレーの見直しが可能！
※2017年以降のパ・リーグ主催1軍公式戦、2022年以降のパ・リーグ主催ファーム公式戦が対象
過去11年分のアーカイブ動画
2012年以降の11年分、パ・リーグ主催6,000試合以上の見逃し視聴が可能！
イベント動画アーカイブ
キャンプ、ファン感謝イベント、入団会見、ビールかけ、優勝インタビュー…懐かしの過去動画が視聴可能！
3試合同時視聴
3球場3試合のライブ配信が同時に視聴可能！
※PCのみの機能です
マルチアングルVOD
注目のシーンを様々なアングルのカメラから視聴可能！
※一部未対応試合もございます
球団の枠を超えてパ・リーグの魅力を伝える「パ・リーグTV」

してサービスを開始し、パ・リーグの主催試合を全てウェブサイトなどで視聴できるようになりました。個別の球団が「放映権をどれだけ高く売るか」という戦略で収益の改善を図っていたところから、リーグが一体となって「どれだけ多くの人へリーチするか」に力を入れるように変わっていったのです。

　これはなかなか勇気のいる挑戦でした。オリックスを代表して挑んだのは、球団本部長や連盟担当を務めた村山良雄さん。彼は89年

の球団創立初年度にオリックス球団に入り、球団運営に尽くしてくれた人物です。

パ・リーグＴＶはオリックスだけでなく、パ・リーグ各球団がそれぞれに一致団結した結果として生まれたものではあります。それでも、村山さんがパ・リーグの調整役、いやプロ野球全体のパイプ役として果たしてくれた功績は大きかった。パ・リーグＴＶは村山さんが遺《のこ》してくれた資産でもあると私は思っています。


パ・リーグＴＶの開始当初は、試合の生配信はＰＣ向けが中心でした。その後、スマホが広く普及し、高速な通信網も広がりました。個人がいつでもどこでも、移動中でもスポーツ観戦を楽しめる時代が到来しました。

パ・リーグＴＶでは現在、ハイライト動画などを無料で配信するほか、アーカイブ映像やファンが自分好みのアングルで観戦を楽しめる有料のＶＯＤ（ビデオ・オン・デマンド）サービスも展開しています。ファンからの人気も高く、人材会社のスポンサーもつきました。こうしたサービスは、スマホが普及してから準備をしているようでは出遅れてしまいます。その前からリーグとして配信できる環境を整えていたのは

■各球団の奮闘でパ・リーグも観客数を伸ばす

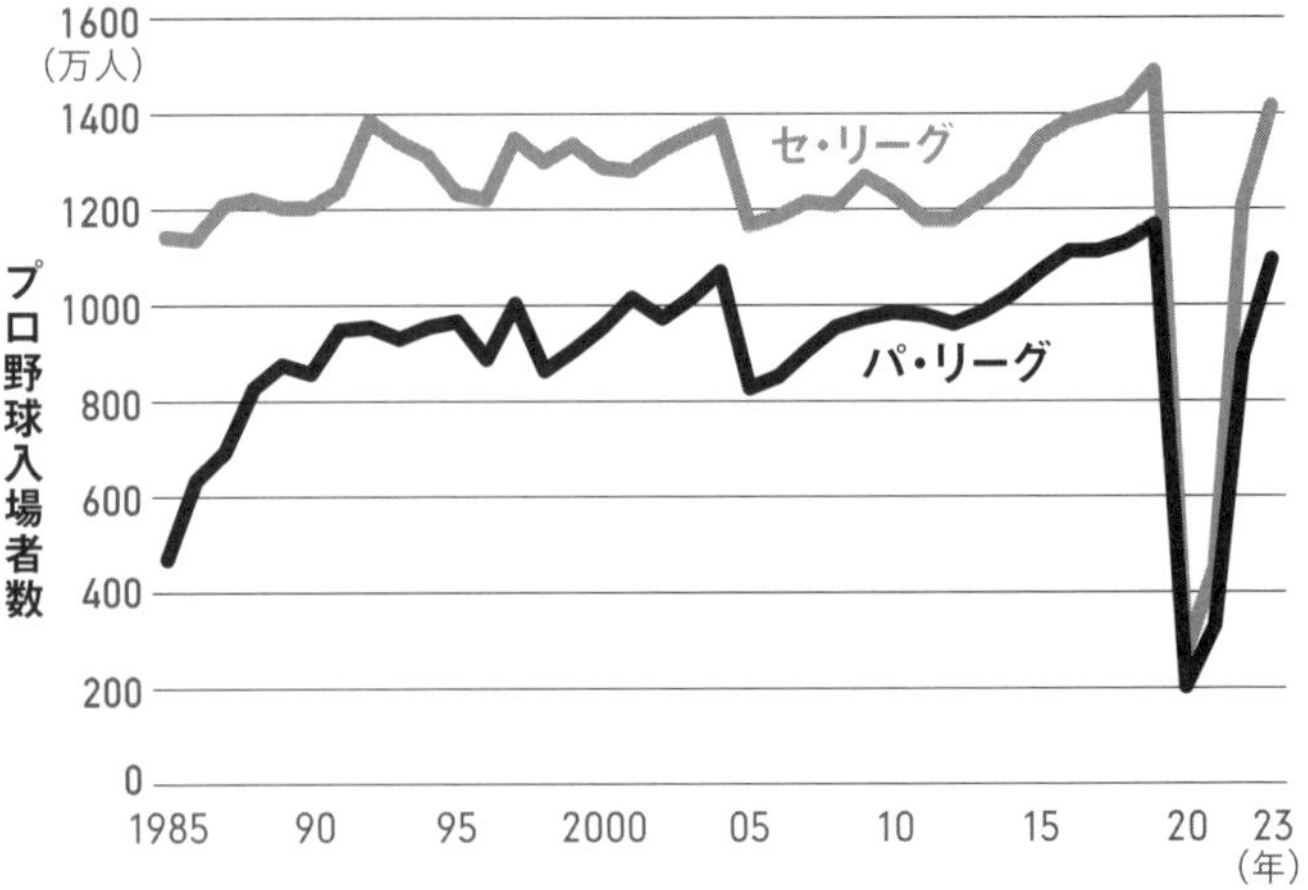

注：入場者数の出所は日本野球機構。2004年までは概数発表、05年からから実数発表に変更。20～22年は新型コロナウイルス禍で試合数や観客を制限

大きかった。パ・リーグの球団のファン増加を後押ししてくれた存在です。

PLMの貢献は配信だけではありません。パ・リーグ6球団の公式アプリの開発や運営もしてくれています。プロ野球の球団というのは、売り上げ規模でいえば中小企業クラスの存在です。そこが単独でアプリまで開発しようとしても、人もお金も足りないでしょう。パ・リーグすべての球団に共通するものを一括して管理できると、球団の支出や人的な負担が減り、その分を別のチャレンジに投じることができます。

こうした流れは、経営が比較的楽だっ

たセ・リーグではなく、厳しかったパ・リーグならではの発想と言えるのではないでしょうか。パ・リーグ各チームは、メディアからの収入、そして来場者からの収入が格段に増える結果となりました。

球界の盟主の気付きがプロ野球を動かす

ほかにも、これからのプロ野球を面白くしてくれるいくつかの印象的な出来事がありました。私なりの見方を少し書かせていただきます。

環境の変化への対応ではパ・リーグが先行して動いてきましたが、セ・リーグでも、気付いて動いた球団があります。球界の盟主、巨人です。

「プロ野球は巨人さえ頑張れば大丈夫」——。世間一般ではそう思われてきたかもしれません。ですが、放映権料の分散が起これば、その影響が最も大きいのは恐らく巨人です。セ・リーグでは、巨人との対戦を主催するのは1球団当たり年間に十数試合。それに対して巨人は交流戦も含めて主催試合が70試合以上あります。地上波の放映権料減少の影響が約6倍に及ぶ可能性があるということです。巨人の幹部は当然、その予兆を察知しておられた気がします。

親会社の系列会社に全国ネットの放送局を持つ巨人は、19年から動画配信サービスのDAZN[注3]で主催試合の配信を解禁しました。当時の報道によると、DAZNとの包括提携発表会見では、巨人は4年前から何度か打診を受けていたものの、それまではお断りをしていたという事実が打ち明けられています。

巨人の歴史や放送局との関係性などを踏まえると、「お断り」を続けてきたのは仕方のないことでしょう。ただ、プロ野球の地上波での放送回数が減って他のメディアに移行しつつある現状を見て、ファン拡大のために決断を下したのだと思います。これは大きな決断であり、球界にも衝撃を与えました。私は、こうした動きはプロ野球にとって前進だと捉えています。

試合そのものに関する様々な試みも、これからのプロ野球を面白くしてくれるかもしれません。

オリックス球団の最初の本拠地があった西宮球場には「ラッキーゾーン」がありましたが、これが撤去されたのもその一例でしょう。そこを越えたらホームランと判定される、球場の外野フェンス手前にしつらえてあった柵をなくし、球場を広くすることでホームランが出にくくなりました。当時は、この取り組みを見た各地の球場が同様のゾーンを撤去する潮流が生まれました。

しかし最近、ラッキーゾーンが復活する機運があります。球場が狭くなり、ホームランが出やすくなってきました。ホームランは「野球の華」と言われますが、個人的には「レフトフライだ」と思ったものがホームランになるよりも、大きな当たりを打った打者が全力疾走してギリギリのタイミングで三塁ベースに滑り込むような白熱するシーンを見られるのが野球の醍醐味だと感じます。球場のデザインも、試合を面白くするための創意工夫なのです。

ピッチャーが投球に専念するパ・リーグのDH（指名打者）制、ピッチャーも打席に立つセ・リーグの9人制の2つの方式についても、考える余地がありそうです。M

ＬＢでは22年からナショナル・リーグが旧来の伝統を捨ててＤＨ制を採用し、ＭＬＢはすべてＤＨ制となりました。投手が打席に立って難なくアウトにされてしまうシーンをマイナスと捉えるか、「ナイン」と呼ばれるように野球は９人でやるものという伝統を大事にするのか。９人制は世界では珍しくなっていますが、果たしてファンがどちらを好むのか。現在のように両方式が見られるのを選ぶのか、興味のあるところです。

ほかによく話題になるのがクライマックスシリーズ（ＣＳ）制[注4]です。「リーグ優勝したチーム同士が日本一の覇を争うべきで、下位チームにも日本一になるチャンスを与えるのはおかしい」と言う人も多いです。これはもっともな意見だと思います。

その一方で、プロ野球を「長いシーズンを持つ興行」と捉えると、シーズン終盤にもファンに興味を持ち続けてもらうことが大事になります。首位と差がついて優勝の見込みがなくなってしまったチームは、残りは「消化試合」となってしまう。ファンに観てもらえなくなる恐れがあります。それは球団にとって大きな機会損失になるし、ファンのリーグ自体への興味が薄れてしまう可能性もあります。

仮に優勝が決まると同時にシーズンが終わるのであれば、両リーグの優勝チームが日本一を競うのが自然でしょう。でも、優勝が決まってもシーズンは続くし、そのずいぶん前の段階から優勝の可能性がなくなるチームもあります。「消化試合を少なくするためにどうするか」。そのためにMLBが作り出したアイデアを取り入れて導入したのがCSです。

23年シーズンを見ても、両リーグともに2位、3位、4位のチームが必死になってCS出場権をかけて戦い、これらのチームのファンでシーズン終了まで超満員になりました。長期リーグ制のプロ野球のあり方としては大成功と言えるのではないでしょうか。

納得の仕方としては、1シーズン戦ってのリーグ優勝は厳然たる「リーグ覇者」であるということでしょう。ポストシーズンを勝って日本一になったチームはシーズン終盤の短期決戦システムでの勝者、言うなれば夏の甲子園の勝者のような、「秋の選手権によるプロ日本一」と見ればいいのではないかと思っています。

球場との一体運営が黒字化への第一歩
日本ハムの英断は究極の姿

ほかに各球団が変わり始めたと感じるのが、球場との一体運営を意識するようになった点です。2009年に竣工した広島東洋カープの新球場を見せていただいたときには感心しました。ファンを楽しませる種々の工夫を凝らしてあり、これぞ新しいプロ野球の球場だと思いました。16年にはDeNAが横浜スタジアムを友好的TOB（株式公開買い付け）で取得し、日本ハムは東京ドームから札幌ドームへの移転を経て、23年にはついに自前のボールパークを持つに至りました。

球団経営にとって、球場との一体運営は不可欠なのです。オリックスは早い段階からこれに取り組んできました。当初は阪急からお借りした球場で試合を行ったものの、その後神戸のグリーンスタジアム（現・ほっともっとフィールド神戸）に移転。球場は神戸市の持ち物でしたが、02年に管理許可の認可を受けました。それによってできたのが、国内プロ野球公式球場としては初のネーミングライツ（命名権）の導入です。

ソフトバンクが球界に参入する前の03年、グリーンスタジアムの名称を「Ｙａｈｏｏ！　ＢＢ　ＳＴＡＤＩＵＭ」とする2年間の契約を結びました。今となっては珍しくなくなったネーミングライツ。それも、球場の管理を球団ができるようになったからこそ挑めたのです。

オリックスは「球場＝野球観戦する施設」ではなく、ＭＬＢのようなボールパークにしたいという構想を１９９０年代初めから持っていました。早い段階で球団職員を米国に出張させ、現地の球場の雰囲気や運営スタイルなどを視察して導入してきました。

その一例が場内アナウンス。イチロー選手について書いた第3章で紹介したように、「イチロー・スズキ！」という男性の声、皆さんの記憶にも残っているかもしれません。当時はまだ、女性の落ち着いた声で場内アナウンスをしてもらうのが当然でした。それをＤＪのようなノリのいい男性によるアナウンスに変え、ＭＬＢのような演出を施したのです。

２０００年代には、スタジアムに入る売店も変えました。米国から直輸入のホット

■ オリックスが国内の他球団に先駆けて始めた主な企画

年	企画など	概要
1991	スタジアムDJ	ウグイス嬢ではなく、男性のDJが選手名をコールするスタジアムDJを導入
2003	ネーミングライツ	グリーンスタジアム神戸の命名権（2年間）をソフトバンクに売却。「Yahoo! BB STADIUM」に
	フィールドシート	内野のファウルゾーンの一部を客席にするフィールドシートを新設
14	ダンス&ボーカルユニット結成	エイベックスとコラボ。チアガールではない、歌って踊れるパフォーマンスユニット「BsGirls」を結成。24年からは男女混成ユニットに
16	ペットデー	専用チケットを購入したファンのみ、ペットと一緒に観戦。試合前にはペットとグラウンドで散歩も。犬198匹、猫2匹が来場
19	ダイナミックプライシング	需要に応じてチケット価格が変動するダイナミックプライシングを、7月の試合で試験的に実施
20	女性スカウト誕生	ソフトボール元日本代表で北京オリンピック金メダリストの乾絵美さんがスカウトに就任

ドッグやイタリアンのお店など、質を上げることで野球以外も楽しめる施設へと変えたのです。

球場自体も少しずつ変化させています。グリーンスタジアム神戸では、内野に天然芝を植えたり、フェンスを低くしてより野球を見やすくしたりするなど、オリックスが管理権を持っていないとできない改修も施しました。

そして、日本で初めて導入したのが「フィールドシー

2003年、国内で初めてホーム球場にフィールドシートを設置（写真：共同通信）

ト」[注5]です。選手と同じ目線で野球を見ることができる席で、ＭＬＢでは既に多くの球場が導入していましたが、それまで日本にはありませんでした。野球の迫力が伝わる座席を備えることで、新たな楽しみ方を提供する。これも、管理権を持っているからこそできるチャレンジです。

04年の近鉄との合併後、新生オリックス・バファローズの本拠地を05年から大阪ドーム（現・京セラドーム大阪）に移しました。ただ、大阪ドームは近鉄の持ち物ではありませんでした。運営会社は経営再建中だった第３セクターの大阪シティドームで、球場使用料を支払って使用することになります。

オリックスが管理を任されていたグリーンスタジアム神戸では、年間の球場使用料を比較的抑えられていました。ですが、大阪ドームは使用料が高く、球団の黒字化がより困難になってしまう。そこで移転を前に、使用料の減額や興行権の取得などについて大阪シティドームと交渉してきました。

交渉を続けていた04年11月、大阪シティドームは大阪地方裁判所に特定調停を申請。事実上の経営破綻に陥りました。その後の運営権をめぐっては曲折もありましたが、結果的にオリックスグループの不動産会社が06年に買収しました。


球場の運営を一体化するメリットはたくさんあります。球場内の広告収入や飲食・物販収入の一部が球団にも入ることで、球団経営の収支が改善されます。そうなると、魅力的なイベントの実施なども考えられる。球団にとってもファンにとってもプラスに働きます。

最近の例では、横浜ベイスターズの所有者がＤｅＮＡに変わり、新たなチャレンジをたくさん実施して結果を残しています。ＤｅＮＡが球団を運営するようになってからの大きな変化は、やはり球場の一体運営でしょう。

以前はベイスターズが球場を運営できていなかったため、球場使用料を支払わなくてはならない上に、広告や物販の収入が球団側に十分入らなかった。そこで球場使用料の減額交渉や、新規の看板広告や物販収入の一部を球団に入れるなど改革を実施。16年にはＴＯＢ（株式の公開買い付け）で運営会社を買収して、運営権を手中に収めました。

ベイスターズの印象は大きく変わりました。毎試合のように満員のファンが球場に詰めかけて声援を送る。新しく就任した南場智子オーナーが主導して、あるべきプロ野球チームの姿を短期間で体現してくれています。

そしてもう1球団、素晴らしい変革を遂げたのが日本ハムです。23年、自前の球場である「ES CON FIELD（エスコンフィールド）HOKKAIDO」をオープンさせました。

前身である東映フライヤーズ時代から後楽園球場や駒澤野球場を本拠地とし、東京ドーム開業後も巨人とホームグラウンドを併用していた日本ハム。フランチャイズ確立を目指し北海道に渡ったことも素晴らしいですが、今回の自前球場の建設は「究極の姿」とも言えます。

自前の球場をつくるに当たって意識されたであろうと思うのが、野球がない日でも楽しい施設であること。ここが実に素晴らしい。ホテルや飲食店など、施設として、野球に依存しなくても楽しめる。北海道医療大学がキャンパスを移転し、病院を新設するという報道もありました。

球場をつくるのではなく、新たに街を創る――。オリックスは早くからボールパーク構想を掲げてきましたが、そこまで大きな構想で、自前で建設するというところまでは思い至りませんでした。その決断が素晴らしい。ぜひとも成功してほしいチャレンジです。

補足説明

注1：セ・リーグとパ・リーグの球団がシーズン中に戦う交流戦。２００４年のプロ野球再編問題を経て、05年から実施。

注2：07年にパ・リーグ加盟６球団によって設立された共同出資会社。「パ・リーグＴＶ」の運営だけでなく、ウェブサイトやアプリ作成など球団の枠を超えたマーケティング活動を行う。

注3：英ＤＡＺＮグループが運営する、スポーツに特化した有料のビデオ・オン・デマンドサービス。日本のプロ野球は、２０２３年シーズンでは広島カープ以外の11球団の主催試合などを配信。

注4：レギュラーシーズン終了後に上位３チームによる日本シリーズ出場権をかけた対戦。２００４年にパ・リーグが先行してプレーオフを開始。07年からセ・リーグでも導入。

注5：野球場の内野ファウルゾーンに設けた観客席。選手のプレーを間近で見ることができる座席。

証言・詳言 4

宮内さんに教えてもらった プロ野球経営2つの極意

DeNA会長
横浜DeNAベイスターズオーナー

南場 智子氏

なんば・ともこ
1962年生まれ。津田塾大学卒業後、86年にマッキンゼー・アンド・カンパニー入社。99年に退社してDeNAを創業。2015年にDeNA会長と横浜DeNAベイスターズオーナーに就任。21年から女性として初めて日本経済団体連合会の副会長を務める。（写真：菅野 勝男）

宮内さんに教えてもらった プロ野球経営2つの極意

「証言・詳言」の最後を飾るのは、ディー・エヌ・エー（DeNA）会長で、横浜DeNAベイスターズオーナーでもある南場智子氏。プロ野球参入を決意し、経営者としても大先輩の宮内氏に報告した際に、貴重なアドバイスをもらったという。ファンを増やし続けて黒字化を果たし、成功を収めたベイスターズ。その原点となった宮内氏のアドバイスとは——。（構成：白壁 達久）

横浜DeNAベイスターズは2023年、主催試合で228万927人のお客さまに来場いただきました。1試合当たりの来場者3万2126人は過去最多です。この結果の背景には、最後まで上位争いを競った選手や監督・コーチ、そして球団の皆さんの奮闘があるのは間違いありません。

曲がりなりにもベイスターズが発展してこられた根源には宮内さんの存在がありま す。宮内さんとは起業する前のマッキンゼーに勤めている頃からよくしていただきました。DeNAがいよいよ球団を取得するというその前に、私は宮内さんにプロ野球参入やその後の経営についての教えを請いに行きました。プロ野球参入後も年に1回ぐらいは遊びにいかせていただいています。球団取得前に、宮内さんから2つの重要なアドバイスをいただきました。細かいことを教えていただいたのではなく、たった2つのポイントだけです。ただ、そこから私は多くの気付きを得ることができました。

「タニマチ的な気持ちではダメ」

1つは「タニマチ的な気持ちでやるのではなく、プロ野球の事業自体がきちんと収益を上げるという考え方で取り組みなさい」というご助言です。

当時多くの球団が親会社から広告宣伝費として資金を供給してもらい、何とか埋め合わせをしていました。実態としては赤字経営なわけです。野球事業が赤字のままだと、結局は親会社の浮沈次第でまた身売りの話が出ることになります。そのたびに野球とは直接関係のないことがメディアに流れて、選手も不安になり、ファンを悲しませてしまう。その間は、選手からもファンからも、純粋なスポーツの楽しみを奪って

■ 横浜DeNAベイスターズの1試合当たり観客動員数の推移

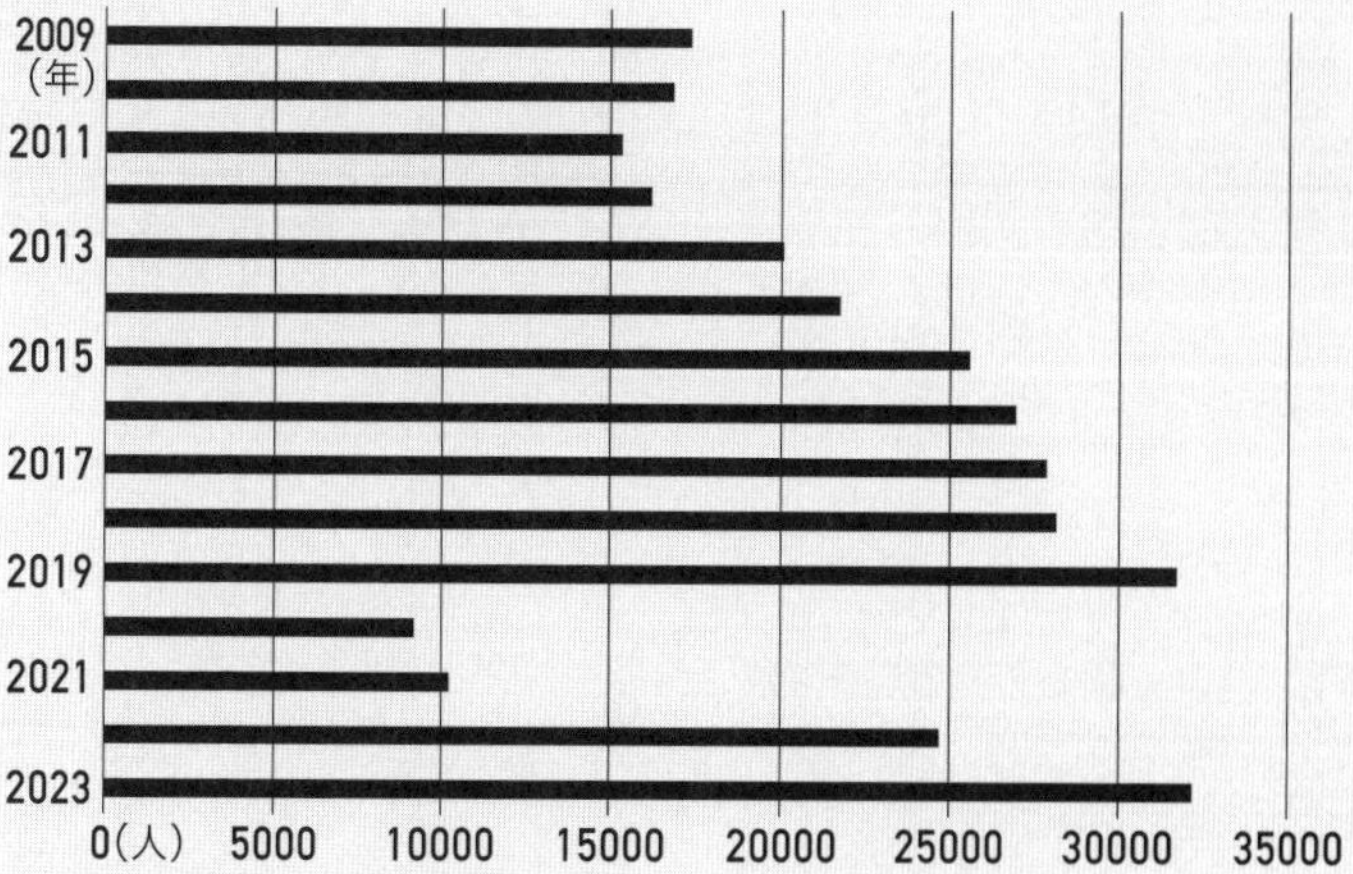

※20～22年は新型コロナウイルス感染拡大防止のため、試合数や入場者数を制限

しまいます。

ですからこのご指摘はすごく納得のいくものでした。球団を取得した当時のベイスターズは毎年25億円くらいの赤字を出していました。これを黒字化しようという意気込みはありましたが、実現するのはそう簡単なことではありません。ただ、宮内さんのお話を聞いて改めて、野球ビジネス自体で隆々と発展できるよう、きちんと収益が上がる仕組みをつくらなければいけないと胸に刻みました。

DeNAのようなインターネット企業は、業界の中での競争も激しい上に、変化のスピードも速い。そこで相当もまれながらも成長を遂げてきました。プロ野球ビジネスは今まで手掛けてきた事業とは全く異なるものではありますが、経営という意味では、これまでの経験が必ず生きる。我々がプロ野球に参入する意味はここにあると感じました。

球団の経営に関しては、親会社からの広告出稿などをすべて除いた収益で評価する仕組みをあらかじめ構築しました。純粋にどれだけ赤字なのかをきちんと把握し、いかにして黒字化するかを考える。球団トップの奮闘や現場社員の頑張りもあって、ベイスターズは5年で黒字化を果たしました。

スポーツビジネスは、一般的な事業のような利益の最大化を主目的とはしません。ただ、収益が上がらないと組織としての永続性はないですし、関連する産業も発展しません。そうなると市場全体の成長も止まってしまいます。親会社の浮沈にかかわらず、球団自体がしっかりと収益を上げることで安定的に成長させていく。選手には報酬として還元できるし、選手の活躍はファンにとってもプラスに働く好循環になる。球団の単独黒字化は、肝に銘じて取り組んできました。

球団の黒字化は、経営者やスタッフが頑張るだけではできません。監督やコーチ陣、選手も含めて、みんなにプロ野球というビジネスを理解してもらうよう努めました。誰からお金をいただいているのか。ベイスターズを支えてくれるスポンサーはなぜ広告を出してくれるのか。すべての基盤はファンなんです。人気があるから、広告価値も放映権の価値も上がるわけです。

一番のベースは、強くなり、ファンが沸くプレーをするということです。その順番を間違えてはいけません。ただ、試合は勝てる日だけではなく、負ける日ももちろんありますし、今日しか来られないお客さまもたくさんいらっしゃる。

そのときに、何かいい思い出を残してもらい「楽しかったね」と思っていただきたい。スタジアムにいる時間を「負けて残念だったけれど楽しかった」と言ってもらえるような工夫もしなければいけません。

私自身、スポーツは以前から嫌いではありませんでしたが、ここまで好きになるとは思いませんでした。小説や映画も好きです。ただ、同じエンターテインメントコンテンツであるものの、それらはやはり人の心を動かそうとしてつくられている。「南場智子さん、あなたの気持ちを操作しようとしています」という目的でつくられたものです。一方のスポーツは、本気で勝とうとしている人たちが紡ぎ出すドラマです。つくられたものではない、誰も予想できない展開だからこその感動の大きさや喜びの深さに、すっかり取りつかれてしまいました。それを1人でも多くの人に感じてもらいたいです。

この本気のドラマの感動を、ファンへの感謝の気持ちと共に届けることを重視しています。ファンへの感謝は、気持ちを持っているだけではダメ。きちんとファンに表現しなければいけません。

プロ野球をビジネスとしてしっかり成功させることの重要性を選手や監督にも分かってもらって、監督には、勝っても負けても会見に応じて発信し続けるということを約束してもらっています。

毎年、球団に新人選手たちが入ってくると、彼らをDeNAの本社に呼んで、私からレクチャーをさせてもらっています。そのときも最後に、「ファンの皆さんに対する感謝の気持ちをしっかり感じて、かつそれを行動に表してください。これができない人に対して、私は寛容ではないです」と伝えています。

こうした意識をオーナーとして持てたのは、宮内さんから「プロ野球の発展のためにもビジネスとして成功させなさい」というアドバイスをいただいたことに始まっています。

「12球団で1つの劇場を盛り上げる」

そしてもう1つのアドバイスが「1つの球団ではなく、みんなでプロ野球という劇場を盛り上げる、その気持ちを忘れないように」ということです。実はこの言葉、私の中で最初はピンとこなかったんです。オーナーとして球界に関わり始めて、その意味がじわじわと分かってきました。

球界の発展には改革が不可欠です。ただ、何を変えるにしても、得をする球団と損をする球団が出てきてしまいます。オーナー会議は、定款には出席者の4分の3以上の賛同があれば変えられるとありますが、実際は大人同士の上品な会議です。1人でも反対が出ると、ごり押しで決めるということはせず、「では、もう少し議論しましょうか」となるわけです。そうすると何も変わらないんですよ。

すべての球団が得をすることってなかなかない。だからなかなか変われない。宮内さんがおっしゃる、「12球団で1つの劇場を盛り上げる」ことの難しさはこれなのかと痛感しました。ベイスターズとしては、自分たちが多少苦しむことがあっても、球界全体のためにプラスになることは進めていこうというスタンスで挑むことにしました。

DeNAが持つリソースを提供し、NPBで取り組む新たなサービスの実証実験を無償で担ったり、NFT（非代替性トークン）を活用したデジタルサービスの提供のような新たな取り組みに積極的に挑戦し、その情報をNPBの担当者会議で共有したりするなどもしています。これは、自社サービスを他球団に使ってもらってビジネス化したいからやっているのではなく、球界全体のパイ拡大のために、DeNAが汗をかくということを意識して取り組んだことです。

（写真：菅野 勝男）

プロ野球参入が親会社も成長させた

インターネット業界は皆さんの想像以上にレッドオーシャンです。ものすごいスピードで変化し、互いに切磋琢磨《せっさたくま》し合う。たとえ他社より先行していたとしても、少しでもベターなサービスが出てくるとお客さまは瞬時に移動できる世界です。

起業したばかりの頃は、まずは自分たちが生き残れるかどうかを必死に考えてきました。何とか黒字化するためにもがき、その後はレッドオーシャンで勝ち抜くために戦い続けてきました。考えれば、ずっと「自分たち」だけを主語にして頑張ってきたんです。スタートアップはそのマインドが正しいでしょう。ただ、企業が成熟していくにつれて、全体が繁栄しないといずれは自分たちの成長もなくなるということに気付くのです。

短期的には自分たちの持ち出しでマイナスがあったとしても、全体のプラスのためにはやるべきことがあると分からせていただきました。そういう段階にDeNAという会社全体を引き上げてくれるいい取り組みになりました。その後、DeNAはバスケットボールやサッカーなど、スポーツビジネスの領域を広げつつあります。

宮内さんからいただいた2つのアドバイス。これはDeNAのスポーツ経営の指針になっています。そして、会社全体を一歩大人に引き上げてもらったようで、非常に感謝をしています。本当に感謝をしてもしきれない宮内さんが、オーナー最終年に日本一になって胴上げされてご卒業された。野球のことを誰よりも考えていた宮内さんに、野球の神様が本当にすてきなプレゼントをなさったなと感じます。

もう1つ、宮内さんの姿勢に学んだことがあります。極力オーナー会議には自分が出席するということです。オーナー会議という名称の通りで、やはりオーナーが出てくるのが重要だと感じます。全権を委任されている代行ならまだいいのですが、そうではない場合は「持ち帰ります」となってしまう。

議論によって原案よりもいい案が出てきたとしても、代理で出てきた人は事前にオーナーが決めたスタンスを変えられない。そうなると実質的に意味のある議論ができなくなってしまう。だから私も必ず自分が出るようにしています。一番の重鎮になられていた宮内さんが、欠かさずに出てこられたということは、本当に素晴らしいと思います。

宮内さんは私にとって、政府の規制改革委員の先輩でもあります。既得権益と戦い、多くの敵をつくる役回りなので、やって得することなどほとんどない。それでも、強烈なリーダーシップを発揮されてこられたのは、日本という国全体をどうよくしていくかを考えておられたからでしょう。そこはプロ野球全体の発展を考えて、改革を訴えられていたところと重なります。

宮内さんが34年のオーナー人生で変えたかったことのすべてを改革することはできなかったと思います。残された宿題はたくさんあります。私1人ではできませんが、12球団で1つの劇場を盛り上げるという大きな目標に向かって、私も演者の1人として頑張っていきたいと思います。

第8章 NPBがMLBを超える日

この本を締めくくるに当たり、日本のプロ野球の未来について語りたいと思います。その前に少し、野球にまつわる私の歴史にお付き合いください。関係ないと思われるかもしれませんが、これは私の野球に対する情熱の歴史でもあります。

出合いは疎開先で見た復員兵の笑顔

あれは日本が先の大戦で敗戦した直後、昭和20年（1945年）の秋口のことです。私は当時10歳の小学生。戦後もしばらく疎開先で暮らしていました。そこは佐用町という兵庫県の山奥にある小さな町。当時は佐用国民学校と呼ばれた小学校の校庭で、復員したばかりの大人たちが、見たこともないスポーツを楽しんでいたのです。

「これは野球というスポーツらしい」

これが、私と野球との出合いでした。初めて見たので、当然ルールなど分かるはずがありません。それでも、大声を出し、時に笑いながら球を追う姿は、「敗戦」とい

疎開していた兵庫県の佐用町。ここで野球と出合う

う暗い現実を吹き飛ばすように輝いていました。

当の大人たちは、復員したばかりで仕事もなかなか見つからなかったでしょう。食事も十分になく、この先どうなるかも全く分からない。そんな状況下で、彼らは白球をただ無心で追いかけ、夢中になって楽しんでいた。すぐに、そんな野球というスポーツの魅力に取りつかれました。そのときの光景はいまだに私の脳裏に焼き付いています。

野球の存在を知った私は早速、小学校のクラスの仲間とチームをつくり、ピッチャーのまねごとをやっていたような記憶があります。全国の多くの少年たちも同じことをやっていたのではないでしょうか。

敗戦から2年半がたった昭和23年（1948年）に、生まれ故郷へと帰ってきました。私が関西学院の中学部へ入る頃には、みんなが盛んに野球をやっていました。阪神甲子園球場は当時、米軍に接収されていましたが、阪急西宮球場では今の高校野球の前身である全国中等学校優勝野球大会[注1]も行われていました。

通学時の乗換駅だったのが、阪急電鉄の西宮北口駅です。その駅から歩いてすぐの場所に、西宮球場がありました。既に阪急ブレーブスがプロ野球の試合を再開していましたが、当時はまだナイター設備がないため、デーゲームしかない。しかも、7回を過ぎる頃になると無料で開放してくれるのです。

私たちが授業や部活を終えて友だちと帰っていると、ちょうど7回くらいになる。そのうちチケットもぎりのおじさんとも仲良くなって、6回くらいに「もう入れてよ」なんて言って早めに入れてもらった記憶もあります。

がら空きの球場でプロ野球を観てから家へ帰る。なんてぜいたくな環境だったのでしょうか。野球好きにはたまりません。当時のブレーブスは浜崎真二さんが投手兼任の監督でした。浜崎さんは48歳まで登板し、その年に勝ち星を挙げたこともあります。その試合も観ていました。後に私が阪急ブレーブスを買収することになるなんて、西宮球場で野球を観ていたときは全く考えもしませんでした。随分とただで野球を観させてもらった体験が私の野球愛を育んだのは間違いありません。

球場の観客席は、当時からずっと空いていました。西宮球場が満員になるところなど見たことがなかった。そのずっと後、67年に初優勝を果たし、その後何度もリーグ優勝を飾って阪急ブレーブスは黄金期を迎えます。それでも常にガラガラ。まさかその光景が、自分が買収した後にも続くとは思いもしませんでした。

自分自身も近所の子供たちと地元でチームをつくるなど、「野球少年」を地で行っていました。中学では野球部に入りたかったのですが、父親が「体がそんなに強くないからやめとき」と許してくれませんでした。

学校の音楽の先生から「宮内君はいい声ですね。入りなさい」と言われたので、グリークラブで合唱に打ち込むようになりました。ただ、野球への情熱は簡単には冷めません。私は「グリークラブ野球部」をつくってしまいました。軟式野球部と試合もしましたよ。さすがに負けましたが……。それくらい野球が好きで仕方がなかった。

後年になっても変わりません。オリックス本社内に、私がピッチャーとして投げられるチームを編成し、盛んに取引先と親善試合をしました。なんとあろうことか、ランナーを1人も出さない「完全試合」を達成したこともあります。もちろん9回制ではなく軟式の7回制ですが。当時あった東西財界人交歓野球[注2]大会という年中行事に参加させてもらい、後楽園や甲子園でプレーしたのも良い思い出です。これが私の〝輝かしい〟草野球人生でした。

米コーストリーグのチームに全敗したオールジャパン

話を戦後間もない頃の野球に戻しましょう。昭和24年（1949年）、米国のサン

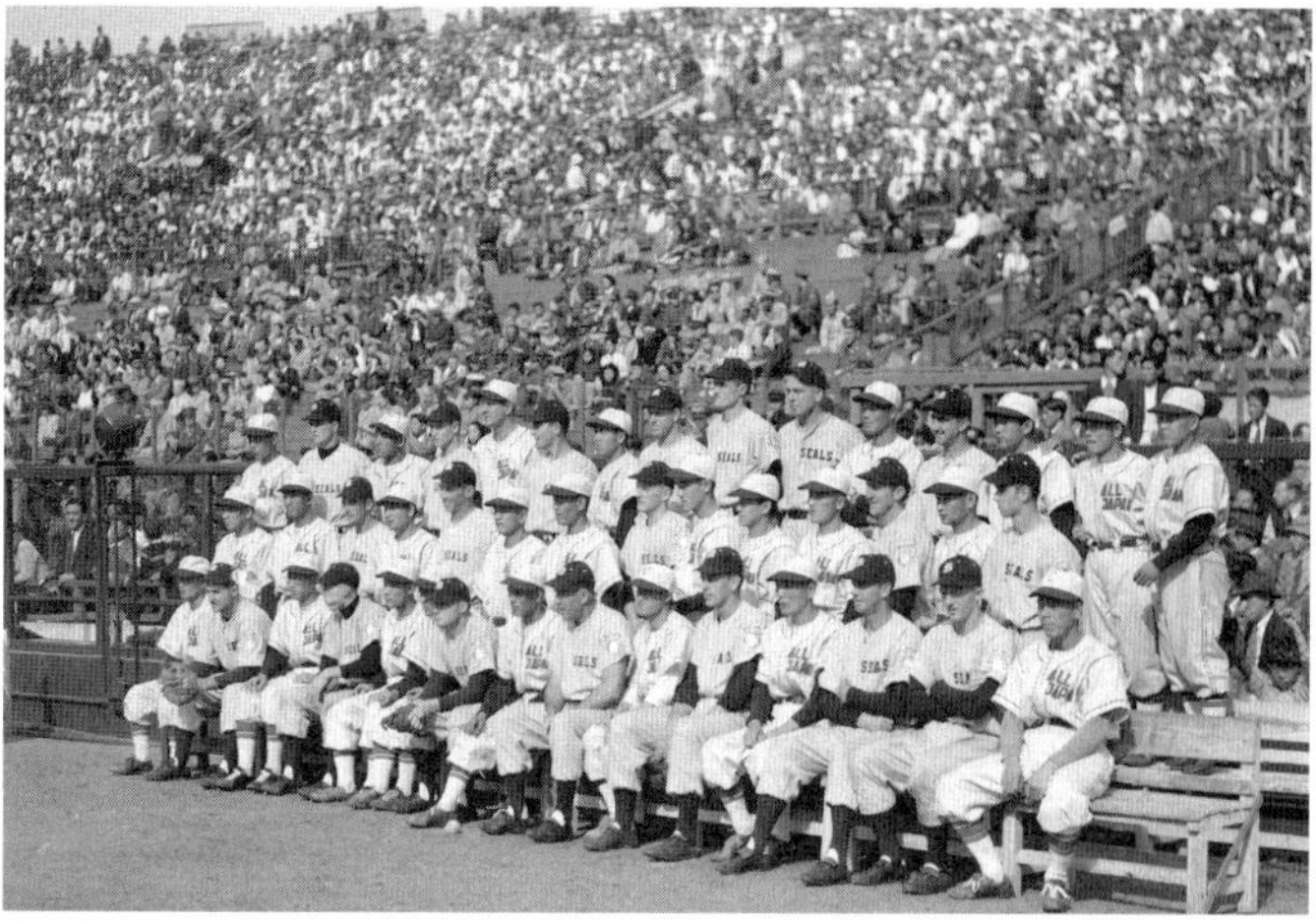

来日したサンフランシスコ・シールズが甲子園で全日本チームと対戦した（写真：共同通信）

フランシスコ・シールズ[注3]というチームが駐留軍の慰問を兼ねて来日し、日本のプロ野球選抜チームなどと戦いました。この球団はＭＬＢ球団ではなく、そのすぐ下のレベルといわれた、パシフィックコーストリーグに所属するチームです。

それでも、米国のプロ球団が来日するのは15年ぶりのことだったそうで、東京の銀座などでパレードが行われるなど大フィーバー。日本のチームとは東京や関西、名古屋などで6試合戦いました。

私は野球好きな母親に連れられて、甲子園球場での試合を観戦しました。フィールドまで人があふれんばかりの超満員でした。ちなみに警備に当たったのは日本の警察官ではなく、進駐軍の憲兵（ＭＰ）だったと記憶しています。

当時のスーパースターである川上哲治[注4]さんがクリーンアップに座るオールスターをそろえた全日本チームでしたが、その試合は惜しくも敗れました。そして、他球場でやった試合もすべて敗北。メジャーリーグでもない1チームを相手に、日本のオールスター集団たちが6戦全敗だったのです。力の差を見せつけられました。

マイナーリーグのチームに全日本が挑んで全敗を喫してから70年以上がたちました。今の日本の野球のレベルはどうでしょう。２０２１年に実施された東京オリンピックでは悲願の金メダルを獲得し、23年のＷＢＣでは3回目の世界一に輝きました。そうです、日本の野球は揺るがぬ「世界の頂点」に近づきつつあるのです。これは、先人が紡いできた努力と継続が織りなす歴史の結果です。この世界に誇れるスポーツ文化を、私たちはさらに磨いて後世に伝えていきたいものです。

古い話はここまで。最後に書いておきたいのは、これからのプロ野球はどのような方向に進むべきなのか、そして、未来のプロ野球はどうあってほしいか、という話です。

恐らくファンの皆さんはもちろん、プロ野球に関係する方々も、それぞれ様々な夢を描いておられることでしょう。私も1人のファン、そして長年プロ野球に携わってきた者という2つの立場から夢見る未来像があります。これからのプロ野球をもっとよくしていくために、私なりに6つの提言と1つの課題をまとめてみました。こうしたテーマに多くの人が関心を持ち、皆さんの知恵をいただくことができれば、プロ野球はもっともっと素晴らしい「国民スポーツ」として育つと信じています。

①コミッショナーはプロ野球のけん引役を

プロ野球という観点で見ると、経済力・実力ともに、米国に水をあけられているのが現実です。MLBでコミッショナーを務めるロブ・マンフレッド氏は22年のシーズ

■MLBの総収入は右肩上がりに増加

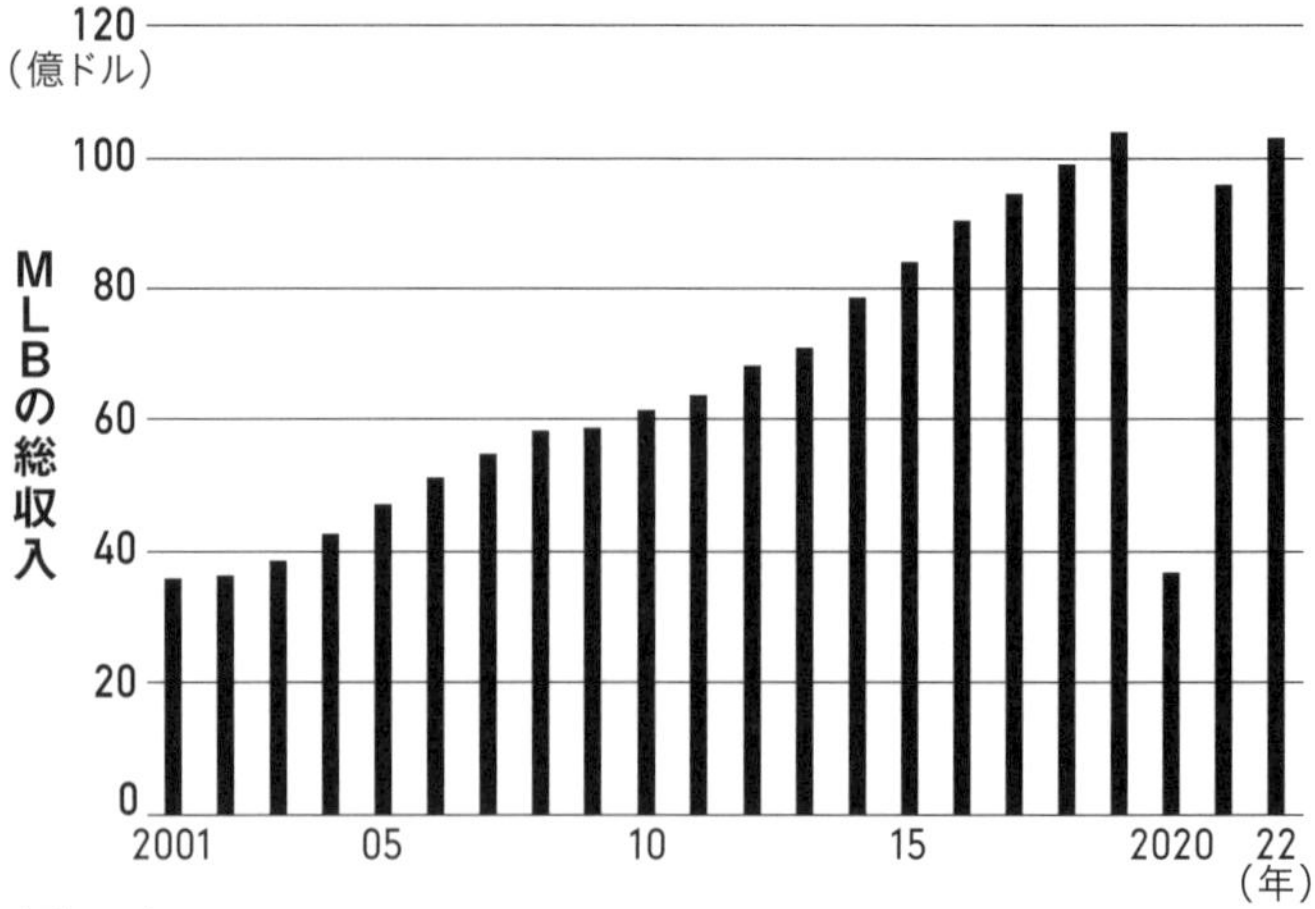

出所：statista
注：2020～21年シーズンは新型コロナウイルス禍で試合数や入場者数を制限

ン終盤の記者会見で「MLBの総収入がパンデミック前の水準に戻った」と語り、その額について「110億ドルに少し届かないくらい」と明かしています。

1ドル＝140円台後半で換算すると、110億ドルは約1兆6000億円です。日本のプロ野球の市場規模は正確には算出されていませんが、18年当時で1800億円程度という報道がありました。

コロナ前でもMLBの総収入は100億ドルを超えています。為替レートの変動もありますが、それを考慮せずに単純計算すると9倍近い差があります。球団の数は30球団で日本の2・5倍。人口は約3・3億人でこれも約2・6倍。人口当たりの球団の数はそんなに変わりません。ただ、市場規模には大きな差ができている。日本のプロ野球がMLBに並び、超えていくために、何をしなければならないのでしょうか。

その1つが、コミッショナー改革です。MLB飛躍のきっかけは、ロサンゼルス・オリンピックを成功させたピーター・ユベロスさん[注5]がコミッショナーに就任し改革に手をつけたことでしょう。さらにその後、前述のバド・セリグさんという強力なビジネスパーソンがコミッショナーを務め、次々とMLB改革を実施してきました。

ポストシーズンに進出できるチームを増やす「ディビジョン・シリーズ」や交流戦に当たる「インターリーグ」を導入したほか、それまで〝お遊び〟の要素が強かったオールスターゲームで勝ったリーグがワールドシリーズの本拠地開幕の権利を得る制度を始めるなど、ファンがゲームを楽しめる要素を次々に取り入れました。日本でもおなじみになった「ビデオ判定」の導入はジャッジ（判定）の公平性を高めました。

そしてWBCを考案してMLB主導で開催することを決定。世界中で野球ファンを広めつつ、MLBとしての収益を確保するという、鋭いビジネス感覚の持ち主でした。MLBの飛躍は、コミッショナーというリーダーの下にオーナーがそろい、野球というエンターテインメント全体の価値を強烈に引き上げてきたからできたことなのです。

日本は、そうではありませんでした。球団個々の努力の総和でプロ野球を盛り上げてきた。日本野球機構（NPB）のコミッショナーは、その肩書こそMLBと同じですが、期待されていたのはもめ事・紛争の解決役といった地味な役割でした。MLBのコミッショナーはCEO（最高経営責任者）であり、全体の執行責任者でもあります。日米のコミッショナーの責務は大違いなのです。

チーム対戦型スポーツの基本は相手との勝負です。相手が必要だからリーグを結成するわけですが、実際の勝負が面白くなければいけない。そのためには双方のチームが対等に戦えるようなシステムづくりが求められます。

チーム数が多くなったら、機構全体を大きな経営体として運営し、各チームを束ねて全体のパイを大きくしようと考えなければならない。この全体のパイを大きくする担当がコミッショナーであるべきだと考えます。その上で、個々のチームが独自で従来通り努力を続けるのです。

リーグ制チーム対戦型のスポーツには、米国の4大スポーツやサッカー、ラグビーなどの成功例があります。いずれも全体をまとめる中央組織が大きな権限を持ち、全体のパイを拡大する責任を担っています。各スポーツが現代社会から歓迎され、受け入れられる、いわば普遍的な成功パターンができているのです。

「隆盛」とは言いながら唯一この方式を取らず、伝統的な各チームの努力の結果に頼ってきたのがプロ野球なのです。ここに普遍的な成功パターンである強力な中核組織を組み込めれば、さらに全体のパイを拡大できるはずです。その第一歩としてコミッショナーの権限と責任を大きくし、しかもビジネスに精通した方を中心とすることが条件となるでしょう。私は、まずここを変えたいと思っていました。

コミッショナーはオーナー会議で推薦され、選ばれます。オーナーの1人であった私も意思決定に関与できる領域です。17～22年の5年間コミッショナーを務めてくださったのは斉藤惇さん。[注6]日本取引所グループのグループCEOを務めた方です。そして22年12月には、東レでトップを務め、日本経済団体連合会（経団連）の会長も務めた榊原定征さんが[注7]15代目のコミッショナーに就任しました。

ビジネスの世界で成果を出してきた財界トップをコミッショナーに招き入れることができたのは、私が目指していた改革の第一歩であり、うれしい限りです。コミッショナー決定の過程で少しお手伝いさせていただいたのは、私のオーナー人生の「最後のご奉公」と言えるかもしれません。改革はまだまだこれからですが、まずは前向きに歩み出せたのではないかと思います。

かつてはメディア活用などの戦略で球団間の利害が一致しませんでしたが、これからのDX（デジタルトランスフォーメーション）の進展を考えると、現状よりはるかに大きな市場が生まれるはずです。また、アジアあるいは米国も視野に入れる新しいシリーズをつくり上げるなど、プロ野球のベースを広げられる可能性がたくさんあります。こうした新しい流れに対応し、ファンの動向を見ながら全体の市場を大きくする役割をコミッショナーに求めたいです。

②オーナー会議主導で新しい方向へ

提言の2つ目はオーナーのあり方です。やはりオーナーたちが足並みをそろえて「プロ野球をどうしていくか」を考えないといけません。ともすれば形骸化しているオーナー会議を、実のあるものへと変えていく必要があります。

1リーグ制の議論が起こったときも、足並みがそろいませんでした。セ・リーグが人気では上回っていましたが、パ・リーグにも矜持《きょうじ》があります。親会社の規模ではセ・リーグを上回って余裕がある企業が多かったことも影響していたかもしれません。セ・リーグに頭を下げて「入れてください」と言う雰囲気は全くありませんでした。

何かを変えなければいけないならば、変えられる人と一緒に考える。それが鉄則です。当時の私が巨人の渡邉恒雄さんと水面下で話をさせていただいたのは、プロ野球界は巨人が動かないと誰が何をやってもダメだと分かっていたからです。プロ野球改革を目指すに当たり、動かすべきはパ・リーグではなく、球界で最も影響力のあるところです。巨人が合意する範囲の中で何ができるか、と現実的に考えていました。だから、渡邉さんにご相談させていただきながら、色々な意見の調整をしていたのです。

その後も、オーナーの意識が変わればプロ野球はもっと成長する産業になると信じて、米国の事例などを用いては何人かのオーナーと個別に話をしに行きました。今は現場発の新たな取り組みが少しずつ生まれてくるような環境に変わりつつあります。とてもいいことですね。この成長の芽を強力に引っ張るリーダーが出てくれば、プロ野球はもっと伸びるでしょう。

日本のプロ野球は、WBCで世界一となった選手の多くが所属するリーグです。選手の力量は急速に世界のトップクラスに近づいているのです。あとは、経営者がそれをどのようにもっとファンに喜んでもらえるビジネスとして成長させ、社会に還元していくかです。

プロ野球を自社の事業にどう生かすかという自社繁栄のための媒体として考えるの

ではなく、「プロ野球自体が重要な事業体なのだ」と意識を変え、プロ野球界の発展のために何ができるかを考える。そんなリーダーがどんどん出てきてオーナー会議を変革していってほしいです。

③競合はスポーツだけではない 時間短縮は喫緊の課題

物事を変えるということはとても労力が必要ですし、痛みも伴う。それでも、色々な変革の手を打ち続けなければいけません。

MLBは試合時間を短縮するため、23年から「ピッチクロック」[注8]を導入しました。投球間隔が長い投手や、なかなか打席で構えない打者に対するペナルティー制度です。打者を翻弄するためのテクニックの1つでもあった投手の投球間隔。息詰まる試合の中で、時計のカウントダウンは興ざめするという否定的な声も少なくありません。コアなファンからすれば、これまでと楽しみ方が変わるのはストレスがたまることでし

MLBは2023年シーズンから「ピッチクロック」を導入。平均の試合時間は前年に比べて24分の短縮となった（写真：Darren Lee/CSM via ZUMA Press Wire/共同通信イメージズ）

ょう。

ただ、MLBがこの取り組みで考えているのは現在の熱烈なファンというより、将来のファンの獲得なのでしょう。投球間隔を短くするほか、けん制球を回数制にするなど、MLBの改革スピードは速いです。

果たしてそのすべてを日本で取り入れるべきかどうかはこれから議論することでしょうが、試合時間を短くする努力をしてきたのはNPBも同じです。プロ野球の競争相手は他のスポーツだけではないからです。他のエンターテインメントビジネスとも競わねばなりません。

スポーツ観戦も含め、余暇を楽しむ娯楽すべてを考えたとき、観戦時間が3時間を超えてしまうのはとても不利なのです。娯楽産業では「3時間以内で楽しんでもらわなければ飽きられる」というのが通説です。専門知識の高い熱狂的なファンは試合時間など気になりませんが、ライトなファンの多くはそうではありません。野球を観ようか、ハイキングに行こうか、映画にしようかといった選択肢の中から選んで、やっと球場に足を運んでくださるのです。そうして観戦した試合の展開が面白く、プレーの素晴らしさに魅了されることで、徐々に中核ファンが生まれます。

新しいファンを常につくり出すには、飽きられないように時間を限定することが大切なのです。そればかりではありません。球場へ来ると花火が見られる、チアガールのダンスが素晴らしい、子供の遊ぶところが十分にある、食べ物がおいしい――といった多くのエンタメ要素を考える。そうしたニーズに応じることが、新しいボールパーク構想につながります。

サッカーの試合時間は2時間くらいで、開催も週に1度程度です。一方のプロ野球は週に6日試合があるのが基本です。ファンとしてはうれしいですが、時間を取られてしまうことに苦手意識を持つ人も少なくありません。

2023年のMLBの総動員数は約7074万人と、22年の約6456万人から9・6％増加しました。20年などコロナによる無観客開催のシーズンもあり、またコロナ以前に観客が減少しつつあったものの、17年以来、6年ぶりに観客が7000万人台に回復しました。23年の平均試合時間は約2時間40分。前年平均に比べて24分も短くなりました。過去40年弱の中で一番短い時間です。ピッチクロック導入で試合時間が短縮されたのも観客が増えた一因と言えるのではないでしょうか。

④「選手の流出は仕方ない」の意識を改める

4つ目は選手の流出阻止のための長期戦略です。毎年のように、日本のトップ選手がMLBに挑むため海を渡っていきます。野茂英雄選手の成功に始まり、イチロー選手や松井秀喜選手、大谷翔平選手など日本人がメジャーの大舞台で活躍する姿は、確かに誇らしい。私もイチローの活躍は本当にうれしかった。

ただ、日本のプロ野球はMLBの育成機関ではありません。それなのに、大事に育てた虎の子の選手を、いとも簡単に米国に差し出してしまう。私は今でも、MLBへの人材流出は残念に思えて仕方がありません。

これをスポーツ選手とせずにビジネスパーソンで考えてみましょう。優秀な人材が次々と引き抜かれていってしまっているようでは、組織として未来がありません。MLBが「世界最高峰」となっているから、みんなそこを目指して行ってしまう。だからこそ、日本のプロ野球はMLBに並ばなければいけない。そう心の底から思っているのです。

MLBは野球のレベルだけでなく、報酬という面でも選手にとって魅力があります。確かに年俸は日本とは比べものにならないくらい高い。短い選手生命を考えれば、渡米を考えるのも無理はないでしょう。だからといって、指をくわえて見ているだけでは何も変わりません。

日米の人口や経済規模から見て、ＭＬＢ30球団・ＮＰＢ12球団というのはちょうどいい規模です。今でも「オールジャパン」で力を結集すれば、ＭＬＢでまともに戦えるチームを2～3個つくれると思います。プロ野球のレベルは上昇し、ＭＬＢに徐々に迫ってきているのです。

ここでビジネスとしてのプロ野球を拡大できれば、収入もＭＬＢに近づいていけるでしょう。そうすれば、日本の優秀な選手が流出していくばかりでなく、先方の一流選手に来てもらえるようになるのではないでしょうか。そしてその先に「本当のワールドシリーズ」を見据えることができるはずです。

⑤球団数増よりも「マイナーリーグ創設」を

日本のプロ野球を成長させるための策として、球団の数はどのくらいが適切なのでしょうか。「エクスパンション構想[注9]」など球団を増やそうという考えもあるようですが、私はこれには反対です。先ほどMLBとの比較で数字を出しましたが、米国の人口に対するMLB球団数と日本のそれは、ほぼ同じ割合です。MLBに追いつくためにも、今の数の球団・選手で切磋琢磨《せっさたくま》すべきだと考えています。

球団数の増加で衰退した事例が過去にあります。戦後間もない1947年に、国民野球連盟という新たなリーグが発足しました。現在の日本野球機構（NPB）の前身である日本野球連盟は当時、1リーグ8球団でペナントレースを競っていましたが、それに対抗する形で誕生したのです。ただ、翌年には解散するなど、あっという間になくなってしまいました。NPBがもっと変化を持たせるには、MLBのように交流戦を拡大する方法もあります。

ただ、プロ野球選手を目指しやすくして競技人口を増やしたり、ファンを拡大したりすべきだという点は理解できます。マイナーリーグの創設がこの課題の解消につながるのではないかと私は考えています。

実際、そうした動きも出てきています。プロ野球は2024年シーズンから2軍戦のみに参加する新規参入球団を公募[注10]し、静岡を本拠地とする「ハヤテ223（フジサン）」と独立リーグのＢＣリーグに所属していた「新潟アルビレックス・ベースボール・クラブ」の参加をオーナー会議で承認しました。これはファーム拡大というよりも、マイナーリーグをつくる感覚。私は大賛成です。

地方都市に展開して、プロやセミプロまで入れて、日本のプロ野球＝ＮＰＢを頂点にして１つの組織をつくっていったら、もっとファンを獲得できると思います。ただ、これも赤字前提では永続性がないのでダメです。利益が出る「ビジネス」としてマイナーリーグをつくるのです。

現状のファームは、チームにとっては選手を育成するための機関であり、経営者の視点で見ると「コスト」でしかないわけです。ただ、ファームといえども非常にレベルの高い試合をやっている。これを単なるコストにしておくのはもったいない。

マイナーリーグとしていかにビジネス化していくか。それはこれからの課題ですが、まず日本にある人口50万人前後の都市を中心にファームのフランチャイズとし、今の2軍・独立リーグ・一部の実業団チームを含めて２つか３つのリーグを東・中・西地区に分けて編成することは十分可能だと思います。

それができればプロ野球普及の底辺が広がり、高いレベルの試合を身近で見られるようにすることでファンが増え、野球を職業として生活できる人々も増えるはずです。ぜひマイナーリーグの地方展開を図ってほしいものです。

⑥戦力の均衡こそがファン底上げにつながる

ファン獲得の視点で考えると、一番大事なのは「戦力の均衡」なのではないかと思います。どこかのチームだけにいい選手が偏り、常に勝つチームと負けるチームができて分断されてしまうと、負けるチームはもちろん、勝ち続けるチームのファンも面白みを感じにくくなってしまうでしょう。

こんなことを、パ・リーグを3連覇しているチームの前オーナーが言うと怒られるかもしれません。私が伝えたいのは、ＦＡで特定球団が選手を放出し、別の特定球団がそれを獲得するという流れです。資金力があるのは、親会社やその球団の努力のたまものでもありますが、プロ野球というコンテンツを盛り上げ、成長させていくにはやはり戦力の均衡という感覚は不可欠だと思うのです。例えば有能な選手を「総取り」しようなどと考えてほしくはありません。

もし世界一強いチームが現れ、リーグ戦を全勝してしまうようなことが起こるとどうなるでしょう。ファンの中には世界一のプレーを見たいと思う人がいるかもしれませんが、勝敗を競うスポーツで負けるのが分かっていると大部分のファンは興味を失ってしまいます。きっとリーグは崩壊していくでしょう。

選手を獲得するドラフトについては、2巡目以降はその年の順位が下位の球団から指名するため、ある程度は戦力均衡に資していると言えるでしょう。一方、05年に決まって翌年から導入された「育成枠[注11]」は課題があるように感じます。

プロ野球は1球団につき70人まで支配下登録（プロ契約）できるという決まりがあります。育成枠はその70人の枠を超えて指名できる制度ですが、大量の選手を育成枠で指名し、まともに試合に出られないまま夢破れてユニホームを脱ぐ選手が続出する球団もあります。

育成選手は2軍戦にのみ出場できますが、1試合に出場できるのは5人まで。その縛りがある中で、3軍や4軍を持つまで肥大化した組織を持つと、多くの育成選手は試合に出られません。ある球団は23年シーズンに54人の育成選手を抱えていたそうですが、そこから7月までに支配下登録を勝ち取ったのはたった1人でした。

「下手な鉄砲も数打てば当たる」という言葉は表現として正しくないかもしれません。しかし、「万に一つ」と努力しても、そのほとんどが夢破れてしまう世界に若い選手を呼び込むのは罪つくりだと言えるのではないでしょうか。野球人口の裾野の拡大を目指すのであれば、やはりマイナーリーグなどの「プロとして生きられるチーム」を増やして出場機会を与えてあげるべきではないか。そう考えています。

新たなチャレンジ
スポーツ・ベッティングをどう取り込むか

最後は「提言」ではなく、これまでと少し毛色が異なるテーマへのチャレンジです。スポーツの試合を対象とした「賭け」です。実は世界では、スポーツ・ベッティング[注12]が拡大しているのです。

日本では「賭け＝不健全」という印象が強く、どうしても身構えてしまいがちです。特にプロ野球では野球賭博問題が発生し、関与した選手が追放される過去がありました。もはやアレルギーに近い拒否反応があります。

ただ、世界ではスポーツを対象とした賭けは一般的で、しかも急拡大しながらスポーツビジネスと一体化しつつあります。欧州では早くから合法化されていましたが、最近では米国でも大幅に解禁されました。米国でスポーツ・ベッティングが解禁されたのは18年。州ごとに判断は異なりますが、既に30を超える州が合法化しています。

なぜ私がこの導入に関心を持つのか。それは、賭けに加わった人はその結果を知るために「必ず試合を見る」からです。賭けの対象は多岐にわたるようです。試合の勝敗だけではありません。野球でいえば次の打者の成績や、投手が投げる球種、果ては次にテレビカメラが映す観客が手にしている飲み物まで、実に幅広い。予測不可能な細かいことが賭けの対象として試合中に次々と出るそうです。

もし、あなたが試合のどこかにいくらか賭けたとしたら、きっとその結果を知るべく中継を見るのではないでしょうか。それは、そのスポーツを見る習慣につながり、結果的にファン獲得にもなるのです。もちろん、常習性などの課題もありますので、そこは確実にクリアしなければいけません。

それまで野球に対してお金を使わなかった人がお金を投じて試合に興味を持ち、ネット放映などの収入が増えることで野球の振興につながる――。日本のプロ野球がさらに大きく成長するためには、外部のリソースを巧みに使う戦略も必要だと思います。

いずれにせよ、世界中がスポーツ・ベッティングを取り込み、その結果スポーツの楽しみ方が広がる傾向にあるようです。もちろん日本のプロ野球も海外からベッティングの対象となっています。日本人も合法的に海外のベッティングに参加する工夫をするでしょう。日本が禁止を続けていると、莫大なお金の流出が起こるかもしれません。次世代の英知を集めてこのテーマに取り組み、プロ野球に健全な形で組み込んでくれることを期待しています。

＊　＊　＊

欧米のプロスポーツは放映権事業を始め、短期間のうちに巨大化していきました。例えばＦＩＦＡ（国際サッカー連盟）にはサッカーを世界でどう大きくしていくかを組織的に考える中核組織があり、その下に存在する各国のリーグがあらゆるマーケティング手法を駆使してビジネスの最大化を考えています。

これまで何度となく書いてきましたが、残念ながら日本のプロ野球はそうした構造になっていません。

日本のプロ野球は「親会社のための組織」として生まれ、育てられてきました。親会社にとって広告宣伝になる、鉄道の乗降客数が増える、商品販売に利用できるなど、十分意味のある投資であり、経費として使って損にはならないものでした。親会社が手放しても、球団を新たに欲しがる企業がいつも出現してきました。

それは野球そのものに魅力があり、人々を引きつける力があったからです。球団は、親会社が思うよりもはるかに多くのファンをいつの間にか引きつけているのです。

それぞれの球団は幾多の苦難に見舞われましたが、プロ野球全体で見れば、そうした試練を乗り越え、野球そのものを愛するファンを増やし、日本で圧倒的な支持を受けるものに育ってきました。それは、長年にわたって努力を積み重ねてきた球団の大きな貢献のたまものです。

私が今言えるのは、プロ野球は親会社の支援がなくても、やり方によっては十分採算が合う事業になるはずだ、ということです。海外の成功例などを参考にして、今後導入できそうな新しい運営方法を考える時期にもう来ているのかもしれません。

それがうまく行けば、プロ野球はもっともっとファンを沸かせて飛躍できるのではないか。いや、巨大なプロスポーツビジネスとして育ち、日本人の余暇の最大の娯楽として生活を豊かにするはずだ――。私は心からそう思うようになりました。日本のプロ野球はある意味で「世界で一番不器用」な運営だったにもかかわらず、ここまで文化として国民に浸透し、愛されているのです。もし皆の目線が一致したらどうなるのか。取り逃がしていたものが大きかった分、伸びしろも大きいのです。34年間にわたるオーナー人生でそこを突き詰められなかったことは心残りではあります。ただ、そこは次世代の皆さんが変えていってくれると期待しています。

母親に手を引かれていった甲子園球場で見た74年前の日米野球では、そのレベルの差を見せつけられました。今はもう、日本の野球は米国に肉薄するまでに至っています。

あとはビジネスです。人口を考えれば、市場規模でＮＰＢがＭＬＢを上回るのは難しいでしょう。ただ、ＭＬＢですら試みていないような新たな経営戦略によって、ＮＰＢが世界の最先端を走ることは不可能ではありません。

筆者（左下）を野球好きにさせてくれた母（右上）にも感謝の念を伝えたい

選手の頑張りに応えられる経営ができるのか。そのボールは、次代のオーナーたち野球関係者に託されています。

補足説明

注1：夏の甲子園として知られる全国高等学校野球選手権大会の前身。1915年の第1回は大阪の豊中球場で開催。46年の大会は甲子園球場がGHQに接収されていたため、西宮球場で開催。

注2：経済界で活躍する社長や役員が東軍と西軍に分かれて参加し、対決する野球大会。東京と関西で大会ごとに開催地を交互に変えて実施された。

注3：1957年まで存在した米国のプロ野球チーム。MLB傘下のAAA（トリプルエー）で、パシフィックコーストリーグに所属。49年、GHQ慰問を名目に戦後初の日米野球で訪日。

注4：18年の現役生活の中で首位打者5回、本塁打王2回、打点王3回を獲得。MVP3回。「打撃の神様」として知られる。巨人の65〜73年の9年連続日本一（V9）を監督として指揮。

注5：80年にロサンゼルス・オリンピック大会の組織委員長に就任。巨額の独占放映権を獲得するなど、民間資本で大会を運営する方式を確立。84年に6代目MLBコミッショナーに就任。

注6：野村証券副社長などを経て2003年に産業再生機構社長。07年に東京証券取引所社長に就任。KKRジャパン会長を経て、NPBの第14代コミッショナーに就任（在任期間は17〜22年）。

注7：東レ社長や日本経済団体連合会（経団連）会長（14〜18年）を経て、22年12月から第15代NPBコミッショナーに就任。

注8：投手は捕手からのボールを受けて一定時間以内に投球動作に入らなければ1球ボールのペナルティーが科される。逆にバッターも一定時間までに構えなければ1ストライクが科される。

注9：NPBの球団数を拡張する構想。セ・パ12球団を16球団に拡大する案などがある。

注10：NPBが野球の裾野拡大を目的に、2軍の試合に新たに参加する球団を公募。23年9月実施のオーナー会議で、24年シーズンから参加する2球団を承認した。

注11：育成を目的とした選手契約で、育成ドラフトで選手を指名する。最低年俸は240万円、背番号は3桁の数字で、2軍戦には出場が可能だが、1軍の公式戦には出場できない。

注12：スポーツの試合を対象とした賭け。サッカーや野球、テニスにアメリカンフットボールなど、欧米を中心に様々なスポーツで実施されている。米国の解禁は18年。

あとがき

投げる、捕る、打つ、走る。野球はこの4つの身体能力を競うスポーツです。

素人論ですが、私はスポーツにはマラソンのように持久力を競うもの、孤独に記録を追うもの、芸術的な美を求めるもの、あるいは登山のように満足を求めるものといった様々なものがあると思っています。

野球は瞬発力を競うところが多いスポーツなのでしょう。瞬発力は、野球では速い球、速いスイングに象徴される身体能力と反応力が試されます。ほかの動物と比べて人間が最も発達している手を使い、思い切り投げる。優れた身体で、全力を使いこれに瞬時に反応しスイングをする。打球を追うスピード、捕らえる反応の速さ、全速力を使う捕球、走塁など、野球は身体の全てを使うスポーツ。しかも今や球場の設備、防具が備わり、怪我や危険の少ないスポーツでもある。唯一の懸念は、利き腕酷使による腕の故障でしょうか。

試合では攻守の間合いに次の1球の予想を巡らす。球種は何か、どのコーナーへ投げるか、考える余裕がある。内野・外野の守備はこれでよいのか、なぜバントをしないのかなど、投球の間合いに考える種がたくさんある。試合の結果も最後まで分からない。満塁ホームランの4点で逆転という大技は、他の競技では味わえないスリルです。まさに「筋書きのないドラマ」そのものです。草野球でさえ、やはりプレーするのはうれしいし、観戦するのも大変面白い。

これが私の野球愛ですが、熱心なファンからすれば皆さんお笑いになるレベルです。考えてみると野球で人生どれだけ楽しませてもらったことか。この競技に感謝が尽きません。


私は球団オーナーという特異な役柄を本当に長い間務めさせていただきましたので、この間のことを書き留めることは、1つの義務ではないかと徐々に思うようになりました。野球についての著述はたくさんあり、これまで「なるほど」と膝を打った書籍もたくさんありましたが、そういえば野球ビジネス論といったものはあまりない。特に当事者が書き残したものは、断片的なコメントはあるものの、全体的な考え方——正しくとも間違っていようとも——をつかめたものはないように思いました。

オリックスは最近は強くなったものの、過去の成績を平均すれば弱小球団だった。そのオーナーが何を考えていたか、間違っていたこともあったなという思いも含めて、正直に書いてみたのが本書です。もちろんまだ歴史とは言えない部分や触れていないこともありますが、本音を全て出させていただき、何か読者や関係者の皆さんにとって、次の展開への参考になるようなことでもあれば、これに勝る幸いはありません。

本書を整えるに際しましては、日経ビジネスの白壁達久さんの協力、助言などなくしてはあり得ませんでした。丁寧に取材をしていただき、私の知らない知識をいただきました。衷心より感謝申し上げます。

また、本書は年代記の体裁もとりましたので、事実確認が必要です。人の記憶は頼りないところもあり、私のメモのほか、球団の記録、関係者への照会など、できるだけ間違いの少ないように心掛けました。そのためオリックス本社広報、球団広報、あるいは元球団幹部に至るまで、皆さんに大いにご協力をいただきました。特に、多くの関係者と連絡を取り、期日までに照会をお願いし、私の難解な手書き原稿を判読するなど、裏方すべてをお願いした秘書の長谷川友紀さん、球団広報の森川秀樹さん、オリックス本社広報の金岡優佳さんには深く御礼申し上げます。

終わりに、本書は私の家族にささげたい。いつの間にか全員、熱烈な野球ファン・バファローズ応援団になってくれている。世代をまたぐ野球好きが生まれて満足しています。

こうして皆さんの協力でやっと出来上がりましたことに感謝申し上げます。

〝野球万歳！〟

2023年12月

宮内義彦

宮内氏のオーナー最終年となった2022年シーズン、オリックス・バファローズは東京ヤクルトスワローズとの日本シリーズを制し、26年ぶりの日本一に輝いた（写真：共同通信）

宮内 義彦 Yoshihiko Miyauchi

オリックス シニア・チェアマン
1935年神戸市生まれ。58年関西学院大学商学部卒業。60年ワシントン大学経営学部大学院でMBA取得後、日綿実業（現双日）入社。64年オリエント・リース（現オリックス）入社。70年取締役、80年代表取締役社長・グループCEO、2000年代表取締役会長・グループCEO、03年取締役兼代表執行役会長・グループCEOを経て、14年シニア・チェアマン就任、現在に至る。総合規制改革会議議長など数々の要職を歴任。新日本フィルハーモニー交響楽団理事長などを兼務。『"明日"を追う 【私の履歴書】』『リースの知識』（日本経済新聞出版）、『私の経営論』『私の中小企業論』『私のリーダー論』（日経BP）、『経営論』（東洋経済新報社）、『世界は動く』（PHP研究所）、『グッドリスクをとりなさい！』『2050年「人新世」の未来論争』（プレジデント社）など多数の著書がある。

白壁 達久 Tatsuhisa Shirakabe

日経ビジネス副編集長
1979年兵庫県西宮市生まれ。2002年日経BPに入社。日経ビジネスや日経ビジネスアソシエ編集部記者、香港支局長、日本経済新聞証券部記者などを経て、22年4月から現職。23年4月から日経ビジネスLIVE編集長も務める。

諦めないオーナー プロ野球改革挑戦記

2023年12月18日　第1版第1刷発行

著　者	宮内 義彦
編　者	白壁 達久
発行者	北方 雅人
発　行	株式会社日経BP
発　売	株式会社日経BPマーケティング
	〒105-8308　東京都港区虎ノ門4-3-12
章扉・帯写真	菅野 勝男
装幀・本文デザイン・DTP	中川 英祐（トリプルライン）
校　正	株式会社聚珍社
印刷・製本	図書印刷株式会社

本書籍に関するお問い合わせ、ご連絡は下記にて承ります。
https://nkbp.jp/booksQA

ISBN 978-4-296-20401-4　Printed in Japan　